C.H.BECK  WISSEN

in der Beck'schen Reihe
2094

Die Vererbungslehre beziehungsweise Genetik zählt nicht nur zu den wichtigsten und folgenreichsten, sondern auch zu den sehr kontrovers diskutierten Forschungsdisziplinen unserer Zeit. Vor diesem Hintergrund ist es besonders wichtig, sich in knapper Form über die wesentlichen Inhalte dieses Teilgebietes der Biologie und Medizin informieren zu können.

Dieses Buch bietet einen sachkundigen Überblick von den historischen Anfängen der Vererbungslehre bis hin zu den wichtigsten Grundlagen und Erkenntnissen der modernen Genetik und den sich aus ihr ergebenden Möglichkeiten z. B. in der Medizin. Ein Ausblick auf die zukünftigen Entwicklungen in der Gentechnik und Genmedizin beschließt das Buch.

Prof. Dr. med. vet. Dr. rer. nat. *Heinrich Zankl* studierte Veterinärmedizin, Anthropologie und Humangenetik. Seit 1979 lehrt und forscht er als Professor für Humanbiologie und Humangenetik an der Universität Kaiserslautern. Seine Hauptforschungsgebiete sind u. a. pränatale Diagnostik, Tumorgenetik und Mutationsforschung.

Heinrich Zankl

GENETIK

Von der Vererbungslehre
zur Genmedizin

Verlag C.H.Beck

Mit 26 Abbildungen und 1 Tabelle

Die Deutsche Bibliothek – CIP-Einheitsaufnahme

Zankl, Heinrich:
Genetik : von der Vererbungslehre zur Genmedizin /
Heinrich Zankl. – Orig.-Ausg. – München : Beck, 1998
    (C. H. Beck Wissen in der Beck'schen Reihe, Band 2094)
    ISBN 3 406 43994 2

Originalausgabe
ISBN 3 406 43994 2

Umschlagentwurf von Uwe Göbel, München
© C. H. Beck'sche Verlagsbuchhandlung (Oscar Beck), München 1998
Gesamtherstellung: C. H. Beck'sche Buchdruckerei, Nördlingen
Gedruckt auf säurefreiem, alterungsbeständigem Papier
(hergestellt aus chlorfrei gebleichtem Zellstoff)
Printed in Germany

Inhalt

Einleitung

Die Vererbungslehre bzw. Genetik ist eine recht junge Wissenschaft. Die Grundlagen legte Gregor Mendel in Form seiner Vererbungsgesetze zwar schon vor etwa 130 Jahren, aber tragischerweise gerieten seine Erkenntnisse für lange Jahre in Vergessenheit. Erst nach der Wiederentdeckung der Mendelschen Regeln zu Beginn des 20. Jahrhunderts konnte sich die Genetik als eigenständiges Lehr- und Forschungsgebiet etablieren. Seitdem hat sie allerdings eine geradezu atemberaubende Entwicklung genommen. In kaum einem anderen Bereich der biologisch-medizinischen Forschung wurden in so kurzer Zeit so viele bahnbrechende Entdeckungen gemacht. Das wird auch durch die vielen Nobelpreise deutlich, die auf diesem Gebiet vergeben wurden. Inzwischen gibt es fast keinen Lebensbereich mehr, der nicht von genetischen Forschungsergebnissen berührt wird. Trotz der großen Vielfalt von neuem Wissen dürfte aber die wichtigste Erkenntnis sein, daß die Grundprinzipien der Vererbung in der gesamten belebten Natur sehr ähnlich sind.

Angesichts der gewaltigen Ausdehnung dieses Wissenschaftszweiges war es unmöglich, in dem vorliegenden Bändchen einen auch nur annähernd vollständigen Überblick über die verschiedenen Bereiche der Genetik zu geben. Es mußte daher eine recht rigorose und damit auch sehr subjektive Themenauswahl getroffen werden. Da ich annahm, daß die Leser vor allem an den Gebieten interessiert sein dürften, die sie direkt betreffen, wurde dieser Bereich besonders ausführlich behandelt. Andere Gebiete (z. B. Pflanzengenetik, Mikrobengenetik, Drosophilagenetik) konnten nur am Rande erwähnt werden. Für Leser mit weitergehenden Interessen wurde ein relativ ausführliches Literaturverzeichnis erstellt.

Ich hoffe, daß dieses Buch trotz der notwendigen Beschränkungen eine nützliche Informationsquelle bietet und bei den Lesern weiteres Interesse für das faszinierende Gebiet der Genetik weckt.

Für die kritische Durchsicht des Manuskripts danke ich vor allem meiner Frau Dr. med. Merve Zankl, die als Fachärztin für Humangenetik auch wertvolle Hinweise aus ihrer klinischen Erfahrung beigesteuert hat. Meinem Sohn stud. med. Oliver Zankl danke ich für seine unermüdliche Hilfe bei der Erstellung der Abbildungen. Frau Gabriele Seidel danke ich für die Sorgfalt und Geduld, mit der sie das Manuskript einschließlich der vielen Änderungen geschrieben hat. Nicht zuletzt gilt mein Dank auch Dr. Stephan Meyer von der C. H. Beck'schen Verlagsbuchhandlung, der dieses Buch angeregt und während seiner Entstehung stets hilfreich begleitet hat.

Kaiserslautern, im Sommer 1998   *Heinrich Zankl*

I. Von der Vererbungslehre zur Genetik

1. Frühe Vorstellungen von der Vererbung

Seit Jahrtausenden ist den Menschen bekannt, daß bei Pflanzen, Tieren und Menschen Eigenschaften der Elterngeneration bei den Nachkommen wieder auftauchen, also vererbt werden. Diese Beobachtung machte man sich schon früh in der Tier- und Pflanzenzucht zunutze. So belegen beispielsweise alte *babylonische Inschriften*, daß die gezielte Kreuzung von Dattelpalmen durchgeführt wurde, um ihre Eigenschaften zu verbessern.

Auch die Vererbbarkeit von Krankheiten war bereits lange bekannt: In alten religiösen *Schriften der Hindus* wird den Männern geraten, sich vor der Wahl einer Frau zu vergewissern, daß in ihrer Familie keine vererbbaren Krankheiten vorkommen. Die *Beschneidungsregeln* des jüdischen Talmud, die aus dem 2. vorchristlichen Jahrhundert stammen, lassen vermuten, daß sogar die geschlechtsgebundene Vererbung der Bluterkrankheit (siehe Seite 79) erkannt wurde. Nur so sind die Vorschriften zu erklären, die bei bestimmten familiären Umständen Knaben von der Beschneidung freistellten.

Über die Mechanismen, die zur Weitergabe normaler und krankhafter Merkmale über Generationen führten, herrschten allerdings für lange Zeit noch recht unklare Vorstellungen: Der griechische Philosoph Aristoteles (384–322 v. Chr.) stellte beispielsweise die *Bluttheorie der Vererbung* auf, wonach der männliche Samen vom Blut abstammt und sich mit dem weiblichen Menstruationsblut mischt. Obwohl uns heute diese Gedanken abwegig erscheinen, ist uns die Bedeutung des Blutes für die Vererbung doch noch immer so vertraut, daß wir z.B. von „Blutsverwandtschaft" sprechen.

Der große englische Naturforscher Charles Darwin (1809–1882) war ein Vertreter der auf Hippokrates zurückgehenden *Pangenesistheorie*. Er nannte die hypothetischen Teilchen des Erbguts *gemmulae* (Keimchen) und hatte die Vorstellung, daß alle Zellen des Körpers solche gemmulae ausstoßen, um einen neuen Organismus zu erzeugen. Diese Auffassung wurde durch ein Experiment des Zoologen August Weismann (1834–1914) endgültig widerlegt: Er trennte Mäusen die Schwänze ab und beobachtete deren Nachkommen. Da sie wieder normale Schwänze hatten, folgerte Weismann, daß nicht alle Körperzellen, sondern nur das von ihm so bezeichnete *Keimplasma* für die Vererbung von Körpermerkmalen eine Rolle spielt.

Im Jahr 1866 veröffentlichte der Zoologe Ernst Haeckel seine Vorstellungen über die Vererbung in Form von neun Gesetzen der konservativen und progressiven Vererbung. Als *konservative Vererbung* faßte Haeckel die damaligen Kenntnisse aus Kreuzungs- und Züchtungsversuchen zusammen. Als *progressive Vererbung* bezeichnete er die Vererbung erworbener Eigenschaften, die damals noch weitgehend für möglich gehalten wurde.

2. Der Beginn der wissenschaftlichen Vererbungslehre

Das Jahr 1866 gilt vor allem deshalb als Beginn der wissenschaftlichen Vererbungslehre, weil in diesem Jahr der Augustinermönch Gregor (bürgerlich Johann) Mendel (1822–1884) seine Vererbungsregeln publizierte. Mendels Erkenntnisse blieben allerdings über 30 Jahre weitgehend unbeachtet. Erst 1900 wurden die Mendelschen Arbeiten durch den niederländischen Botaniker Hugo de Vries wiederentdeckt und durch eigene Versuche bestätigt. Der englische Biologe William Bateson erkannte 1902, daß die Vererbungsregeln auch für Tiere gelten. Er führte für die Vererbungslehre den Begriff *Genetik* ein und nannte als die Hauptziele dieser neuen Wissenschaft „die Untersuchung der Gesetzmäßigkeiten der Erblichkeit von Merkmalen und deren Variation". Im selben Jahr wies der amerikanische Arzt Farabee nach, daß eine bestimmte Form der *Kurzfingrigkeit* in einer großen Sippe in Pennsylvania nach einem typischen Mendelschen Erbgang vererbt wurde. Damit war die Gültigkeit dieser Gesetzmäßigkeiten auch für den Menschen nachgewiesen.

Parallel zu den Erkenntnissen aus Kreuzungsexperimenten und Stammbaumanalysen entwickelten sich neue Vorstellungen über die Bedeutung des Zellkerns und der darin enthaltenen Chromosomen für die Vererbung: Der deutsche Arzt und Biologe Walter Flemming beobachtete 1882 als erster die Aufteilung der Chromosomen während der Zellteilung. Die Bezeichnung *Chromosomen* wurde allerdings erst 1888 von dem deutschen Arzt Wilhelm von Waldeyer eingeführt. Die Entdeckung, daß die Chromosomen das Erbmaterial enthalten und für dessen Weitergabe an die Tochterzellen während der Zellteilung sorgen, wurde zwischen 1902 und 1907 von mehreren Forschern (Boveri, Correns, de Vries, Sutton) veröffentlicht.

Ein neuer wichtiger Abschnitt der Genetik begann im Jahre 1910, als durch den amerikanischen Forscher Thomas Morgan die *Fruchtfliege (Drosophila melanogaster)* als genetisches Untersuchungsobjekt eingeführt wurde. Die *Drosophilagenetik* brachte wichtige Erkenntnisse über die Mechanismen des Vererbungsvorgangs. Morgan veröffentlichte 1915 seine *Chromosomentheorie der Vererbung*, in der er eine lineare Anordnung der Gene auf den Chromosomen postulierte. Seine Forschungstätigkeit wurde 1933 mit dem Nobelpreis ausgezeichnet.

3. Die Entwicklung der molekularen Genetik

Ein weiterer bedeutender Fortschritt gelang dem amerikanischen Genetiker Hermann Muller, der 1927 nachwies, daß man durch Röntgenstrahlen Veränderungen (*Mutationen*) in der Erbsubstanz auslösen kann. Er erhielt 1946 den Nobelpreis. Die Frage, aus was diese Erbsubstanz besteht, konnte erst 1944 beantwortet werden, als die Forschergruppe um Oswald Avery die *Desoxyribonukleinsäure (DNS, engl. DNA)* als Träger der genetischen Information erkannte. Die *Doppelhelix-Struktur* dieser langkettigen Nukleinsäure wurde 1953 von James Watson und Francis Crick aufgeklärt, wofür ihnen 1962 der Nobelpreis verliehen wurde.

Damit war die Grundlage für die molekulare Genetik gelegt, die seitdem eine stürmische Entwicklung genommen hat. Die ersten Schritte zur Aufklärung des *genetischen Codes* gelangen 1961 durch Marshall W. Nirenberg. Noch im selben Jahr stellten François Jacob und Jacques Monod ihr Modell zur *Regulation der Genaktivität* vor. 1969 entdeckte Werner Arber die *Restriktionsenzyme*, die DNA-Moleküle an definierten Stellen schneiden können. Die wissenschaftliche Bedeutung dieser Forschungsergebnisse geht nicht zuletzt auch daraus hervor, daß sie alle durch Nobelpreise ausgezeichnet wurden.

In den nächsten Jahren folgten wichtige Erkenntnisse über die Umsetzung der genetischen Information in Proteine sowie über die Vermehrung der DNA-Moleküle. Im Jahr 1972 gelang dann der Forschergruppe um Har G. Khorana die erste Totalsynthese eines ganzen Gens im Reagenzglas. Seitdem wurden zahlreiche Gene synthetisiert und in ihrer Basensequenz aufgeklärt. Es wurde auch möglich, Gene in Bakterien zu übertragen und sie damit zur Produktion neuer Proteine zu veranlassen.

1976 wurde bereits die erste gentechnische Firma (*Genentech* in San Francisco) gegründet. Im Jahr 1982 konnte das *Humaninsulin* als erstes gentechnisch hergestelltes Medikament zugelassen werden. Bis 1996 kamen 20 weitere solche Medikamente auf den Markt (siehe auch S. 91 ff.).

Große Fortschritte wurden auch im Bereich der Humangenetik erzielt, wo durch die Identifizierung vieler Gene die *Genotyp-Diagnostik* für zahlreiche menschliche Erbkrankheiten möglich wurde. 1988 wurde das weltweite *Human Genome Project* mit dem Ziel gestartet, bis zum Jahr 2000 die gesamte menschliche Erbinformation zu entschlüsseln. Seit Beginn der 90er Jahre werden auch die ersten *Gentherapieversuche* am Menschen durchgeführt (siehe auch S. 96 ff.).

II. Die Mendelschen Vererbungsregeln

1. Allgemeine Vorbemerkungen

Zweifellos war Gregor Mendel nicht der erste Forscher, der sich mit *Kreuzungsexperimenten* bei Pflanzen beschäftigte und damit den Gesetzmäßigkeiten der Vererbung auf die Spur kommen wollte. Schon ca. 100 Jahre vor ihm kreuzte beispielsweise der deutsche Botaniker Joseph Gottlieb Kölreuter verschiedene Tabaksorten und erkannte bereits, daß bei den Nachkommen eine Mischung aus väterlichen und mütterlichen Merkmalen auftrat.

Mendels besondere Leistung bestand vor allem darin, daß er bei seinen Hybridisierungsexperimenten mit Erbsen im Klostergarten von Brünn sehr sorgfältig sieben verschiedene Merkmale auswählte und ihre Weitergabe auf die Nachkommen systematisch analysierte. Durch Rückkreuzungen führte er auch gezielte Kontrollexperimente durch. Besonders wesentlich für seinen Erfolg war aber, daß er streng darauf achtete, daß seine Versuchspflanzen für die untersuchten Merkmale *reinerbig (homozygot)* waren. Diese Reinerbigkeit überprüfte er in aufwendigen Vorversuchen, indem er die Erbsen immer wieder untereinander kreuzte und alle im Aussehen abweichenden Pflanzen von den weiteren Experimenten ausschloß.

Bei aller Vorplanung und Genialität hatte Mendel aber auch eine gute Portion Glück: Mit der eher zufälligen Wahl der *Gartenerbse (Pisum sativum)* als Untersuchungsobjekt war eine Beeinflussung seiner Ergebnisse durch Fremdbestäubung weitgehend ausgeschlossen, weil Erbsen zu den Selbstbestäubern zählen. Außerdem wählte er durch Zufall nur solche Merkmale aus, die getrennt vererbt werden, weil sie auf verschiedenen Chromosomen lokalisiert sind.

Mendel erkannte bei der Auswertung seiner Versuchsergebnisse, daß die Vererbung der analysierten Eigenschaften durch paarweise auftretende „Elemente" erfolgte. Diese „Elemente" nennen wir heute *Gene*. Die väterliche bzw. mütterliche Variante des gleichen Gens bezeichnet man als *Allel*. Die Ergebnisse seiner mehrjährigen Hybridisierungsexperimente faßte Mendel schließlich in seiner 1866 veröffentlichten Schrift „Versuche über Pflanzenhybriden" zusammen und stellte darin auch seine daraus abgeleiteten Vererbungsregeln vor.

2. Das Uniformitätsgesetz

Die erste Mendelsche Vererbungsregel besagt, daß durch die Kreuzung von zwei Individuen, die sich in einem reinerbigen Merkmal unterscheiden *(Parentalgeneration)*, Nachkommen *(F1-Generation)* entstehen, die alle gleich aussehen. Wegen des uniformen Aussehens der F1-Nachkommen entstand die Bezeichnung *Uniformitätsregel*. Da die Uniformität auch bei *reziproker Kreuzung* auftritt (Eltern werden dabei hinsichtlich des Merkmals ausgetauscht), spricht man manchmal auch von *Reziprozitätsregel*.

Mendel bezeichnete das bei den F1-Nachkommen erkennbare Merkmal als *dominant*, das nicht erkennbare als *rezessiv*. Bei seinen Versuchen mit Erbsen, die eine runde bzw. runzelige Samenform aufwiesen, ergab sich beispielsweise, daß die runde Samenform dominant und die runzelige Form rezessiv war. Sichtbar wurde deshalb in der F1-Generation immer nur die runde Samenform (siehe Abb. 1).

Inzwischen weiß man, daß dominante und rezessive Allele eines Gens im gesamten Tier- und Pflanzenreich sehr häufig vorkommen. Beispielsweise dominiert beim Rind die schwarze Farbe des Felles über die rote und beim Meerschweinchen die Kurzhaarigkeit über die Langhaarigkeit. Beim Menschen sind z. B. die *Blutgruppen* A und B dominant gegenüber 0.

Die Regel, daß bei allen F1-Nachkommen reinerbiger Eltern das Merkmal eines Elternteils sichtbar wird, gilt allerdings nicht immer: Manchmal ergibt sich auch eine Mischung der beiden elterlichen Eigenschaften zu einem intermediär ausgeprägten Merkmal. Man spricht deshalb in diesen Fällen von *intermediärer Vererbung*. Ein Beispiel dafür ist die Blütenfarbe der *Wunderblume (Mirabilis jalapa)*, bei der die Kreuzung

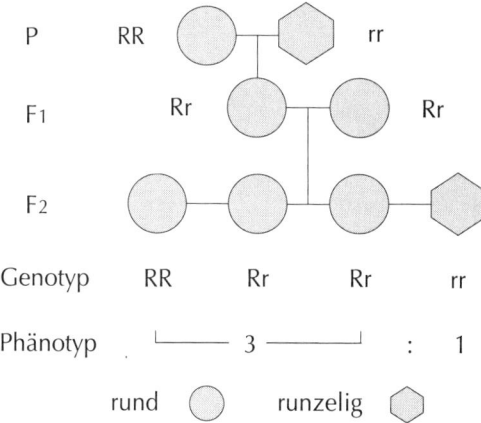

P   RR

F₁   Rr   Rr

F₂

Genotyp   RR   Rr   Rr   rr

Phänotyp   ⌞——— 3 ———⌟ : 1

rund   runzelig

Abb. 1: Schematische Darstellung Mendelscher Kreuzungsversuche, aus denen die 1. und 2. Vererbungsregel abgeleitet wurde (Monohybrider Erbgang): P = Parentalgeneration von Erbsenpflanzen, die jeweils für ein Samenmerkmal homozygot sind. RR = homozygot für „rund" (dominant), rr = homozygot für „runzelig" (rezessiv). – F_1 = 1. Filialgeneration. Rr = heterozygot für die beiden Samenmerkmale der Eltern, wobei das dominante Merkmal „rund" bei allen F1-Nachkommen sichtbar wird (Uniformitätsgesetz). – F_2 = 2. Filialgeneration. Durch Kreuzung heterozygoter F_1-Pflanzen entstehen in F_2 die Genotypen RR, Rr und rr im Verhältnis 1:2:1. Daraus ergeben sich die zwei Samenformen (Phänotypen) rund und runzelig im Verhältnis 3:1 (Spaltungsgesetz).

reinerbig weiß- und rotblühender Pflanzen zu rosa Blüten bei F1-Pflanzen führt.

Beim Menschen wird z.B. bei der Vererbung von Blutgruppenmerkmalen etwas Ähnliches beobachtet: Wenn ein Elternteil für die Blutgruppe A und der andere für die Blutgruppe B reinerbig ist, so findet sich bei den Kindern durchgehend die Blutgruppe AB. Da man in diesem Fall nicht von einer intermediären Ausprägung des Merkmals sprechen kann, wird diese Form der Vererbung als *kodominant* bezeichnet.

3. Das Spaltungsgesetz

Die zweite Mendelsche Vererbungsregel wird auch als *Spaltungs- oder Segregationsgesetz* bezeichnet, weil folgendes gilt: Kreuzt man die *mischerbigen (heterozygoten)* F1-Nachkommen untereinander, so spalten sich in der F2-Generation die Merkmale nach bestimmten Zahlenverhältnissen wieder auf (siehe auch Abb. 1).

Die Aufspaltung 3:1 zeigt sich, wenn das Gen für eine Eigenschaft dominant ist. Dann wird bei drei Viertel der F2-Nachkommen das dominante Merkmal und bei einem Viertel das rezessive Merkmal sichtbar. Dieses Zahlenverhältnis gilt jedoch nur für die sichtbare Ausprägung, den Phänotyp. Die beiden dafür verantwortlichen Gene (*Genotypen*) spalten dagegen im Verhältnis 1:2:1 auf. Bei der intermediären bzw. kodominanten Vererbung findet sich sowohl für den Phänotyp als auch für den Genotyp das Aufspaltungsverhältnis 1:2:1.

4. Das Unabhängigkeitsgesetz

Die dritte Mendelsche Vererbungsregel bezieht sich auf Merkmale, die durch zwei verschiedene (nicht allele) Gene unabhängig voneinander vererbt werden. Deshalb heißt diese Regel auch *Unabhängigkeits- oder Neukombinationsgesetz.*

Mendel erkannte dieses Gesetz durch einen Versuch, bei dem er zwei Erbsensorten mit gelb-runden bzw. grün-runzeligen Samen kreuzte. Entsprechend dem Uniformitätsgesetz erhielt er in der F1-Generation nur Pflanzen mit gelb-runden Samen. Nach Kreuzung der F1-Pflanzen untereinander konnte er in der F2-Generation die vier Merkmalskombinationen gelb-rund, gelb-runzelig, grün-rund, grün-runzelig im Verhältnis 9:3:3:1 beobachten (siehe Abb. 2). Besonders interessant war für Mendel natürlich das Auftreten der Neukombinationen gelb-runzelig und grün-rund, weil damit die *freie Kombinierbarkeit* der Gene bewiesen war. Diese Freiheit der Kombination gilt aber nur für Gene, die nicht auf dem gleichen Chromosom lokalisiert sind, denn auf einem Chromosom

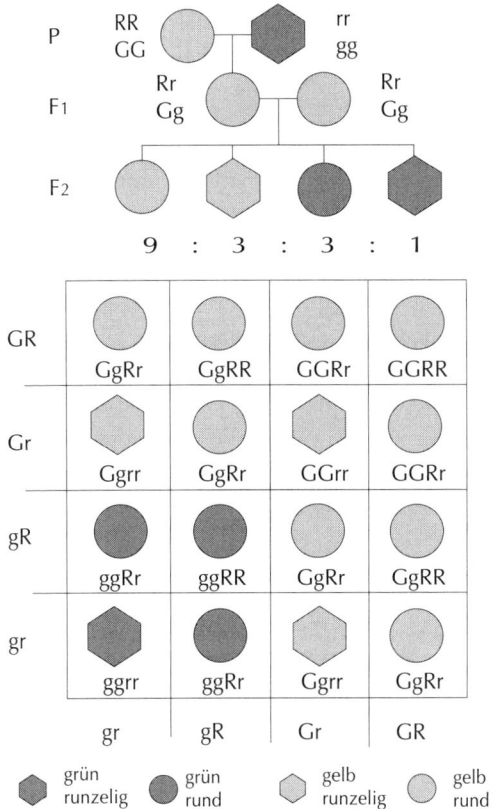

Abb. 2: Schematische Darstellung Mendelscher Kreuzungsversuche, aus denen die 3. Vererbungsregel abgeleitet wurde (Dihybrider Erbgang): P = Parentalgeneration von Erbsenpflanzen, die für zwei Samenmerkmale homozygot sind. RR = homozygot für „rund" (dominant), GG = homozygot für „gelb" (dominant), rr = homozygot für „runzelig" (rezessiv), gg = homozygot für „grün" (rezessiv). – F_1 = 1. Filialgeneration. Rr = heterozygot für Samenform, Gg = heterozygot für Samenfarbe. Alle Pflanzen haben runde gelbe Samen. – F_2 = 2. Filialgeneration. Durch die Kreuzung der zweifach heterozygoten F_1-Pflanzen entstehen in F_2 neun verschiedene Genotypen. Daraus ergeben sich vier unterschiedliche Phänotypen im Verhältnis 9:3:3:1, wobei zwei Neukombinationen (grün und rund; gelb und runzelig) auftreten. Die Kombinationsmöglichkeiten der männlichen und weiblichen Keimzellen sind in dem 16-Felder-Quadrat dargestellt.

liegende Gene werden in der Regel gemeinsam (*gekoppelt*) vererbt. Das wußte Mendel allerdings noch nicht, aber er hatte zufällig nur solche Merkmale untersucht, deren Gene nicht gekoppelt waren.

Bis heute ist unklar geblieben, ob Mendel die Universalität seiner Vererbungsregeln in vollem Umfang erkannt hatte. Seine Zeitgenossen haben die enorme Bedeutung jedenfalls nicht erfaßt, weshalb die Mendelschen Regeln zunächst wenig Beachtung fanden und bald in Vergessenheit gerieten. Erst die nächste Forschergeneration entdeckte sie wieder und stellte ihre Allgemeingültigkeit für das gesamte Tier- und Pflanzenreich fest.

III. Abweichungen
von den Mendelschen Vererbungsregeln

Die von Mendel gefundenen Gesetzmäßigkeiten der Vererbung haben zwar universelle Gültigkeit, aber trotzdem kann man diese Regeln bei der Vererbung zahlreicher Merkmale nicht immer nachvollziehen. Dafür können zwei Gründe vorliegen: Entweder sind die Vererbungsregeln zwar wirksam, aber man kann sie nicht richtig erfassen, oder es liegt tatsächlich ein anderer Vererbungsmodus vor. Beide Möglichkeiten sollen im folgenden an einigen Beispielen beschrieben werden.

1. Polygene und multifaktorielle Vererbung

Von *polygener Vererbung* spricht man, wenn die Ausprägung eines Merkmals nicht nur von einem Gen, sondern von mehreren Genen abhängt. In solchen Fällen wird zwar jedes einzelne Gen durchaus nach den Vererbungsregeln weitergegeben, aber bei der Merkmalsausprägung kommt es zur Vermischung der Genwirkungen, so daß ein klarer Mendelscher Erbgang nicht mehr erkennbar ist.

Ein Hinweis auf polygene Vererbung ist dann gegeben, wenn man nicht eindeutig zwischen Merkmalsträgern und Nichtmerkmalsträgern unterscheiden kann, sondern eine vielfältige Abstufung in der Ausprägung des Merkmals auftritt. Ein typisches Beispiel dafür ist die *Körpergröße*. Inzwischen sind mehrere Gene bekannt, die das Körperwachstum beeinflussen. Je nach Kombination dieser Gene kann die Körpergröße zwischen extrem klein und extrem groß variieren, wobei mittelgroß am häufigsten vorkommt und die beiden Extreme selten sind. Dementsprechend ähnelt die Größenverteilung in einer Population mehr oder minder stark einer Glockenkurve (*Gaußsche Verteilungskurve*).

Oft liegen die Verhältnisse aber noch komplizierter, indem ein Merkmal nicht nur von mehreren Genen, sondern auch noch von Umweltfaktoren abhängt. Man spricht dann von *multifaktorieller Vererbung.* Auch die Körpergröße ist strenggenommen ein multifaktoriell bedingtes Merkmal, weil natürlich auch exogene Faktoren wie Ernährung oder Krankheit die Körpergröße beeinflussen. Aus Zwillingsuntersuchungen weiß man allerdings, daß zumindest beim Menschen die Körpergröße sehr stark von den Erbanlagen abhängig ist. Multifaktorielle Vererbung wird auch für die *Intelligenzentwicklung* und viele andere komplexe Eigenschaften des Menschen angenommen (siehe auch S. 82 ff.).

2. Geschlechtsgekoppelte und geschlechtsbegrenzte Vererbung

Bei der Besprechung der Mendelschen Vererbungsregeln hatten wir festgestellt, daß sie davon unabhängig sind, ob ein Merkmal von Vater oder Mutter vererbt wird. Das gilt allerdings nicht für Merkmale, die von auf Geschlechtschromosomen liegenden Genen abhängen. Solche Gene werden als *geschlechtsgekoppelt* oder *geschlechtsgebunden* bezeichnet.

Bei Säugetieren (und entsprechend auch beim Menschen) wird das weibliche Geschlecht dadurch bestimmt, daß zwei X-Chromosomen vorhanden sind, während beim männlichen Geschlecht ein X- und ein Y-Chromosom vorliegen. Während das Y-Chromosom fast ausschließlich geschlechtsbestimmende (*gonosomale*) Gene trägt, enthält das X-Chromosom auch zahlreiche Gene, die auf die Geschlechtsentwicklung keinen direkten Einfluß haben (sogenannte *autosomale Gene*). Da für die Vererbung dieser autosomalen Gene das Y-Chromosom keine Rolle spielt, wird geschlechtsgekoppelte Vererbung häufig mit *X-chromosomaler Vererbung* gleichgesetzt. Beim Menschen kennt man inzwischen einige hundert solcher autosomaler Gene, die auf dem X-Chromosom lokalisiert sind und in mutierter Form Erbkrankheiten verursachen können (siehe auch S. 77 ff.).

Unter *geschlechtsbegrenzter Vererbung* versteht man dagegen, daß ein vererbtes Merkmal sich ausschließlich bei einem Geschlecht ausprägt. Eines der wenigen eindeutigen Beispiele für vollständige Geschlechtsbegrenzung stellt die dominant erbliche *Pubertas praecox* dar. Dabei handelt es sich um eine vorzeitige Geschlechtsreifung, die nur bei Knaben vorkommt. Da in mehreren Familien die Vererbung vom Vater auf den Sohn beobachtet wurde, kann eine X-chromosomale Vererbung ausgeschlossen werden, weil Väter an ihre Söhne nur ein Y-, aber kein X-Chromosom weitergeben. Erbleiden mit *relativer Geschlechtsbegrenzung* kommen öfter vor: Beispielsweise ist die angeborene *Hüftluxation* bei Frauen besonders häufig, während die Glatzenbildung meistens bei Männern auftritt. In den meisten Fällen von relativer Geschlechtsbegrenzung kann multifaktorielle Vererbung angenommen werden.

3. Mitochondriale Vererbung

Für die Vererbung spielt bei höheren Lebewesen das genetische Material (DNA) des Zellkerns die Hauptrolle. Es gibt in den Zellen aber auch noch die *Mitochondrien*, die ebenfalls DNA enthalten. Die Mitochondrien liegen im Zellplasma und sorgen vor allem für die Energiebereitstellung in der Zelle. Sie werden deshalb auch oft als „Kraftwerke der Zellen" bezeichnet. Die Tatsache, daß sie ebenfalls funktionsfähiges Erbmaterial besitzen, läßt vermuten, daß sie von Mikroorganismen abstammen, die in einer früheren Phase der Evolution ihr selbständiges Dasein aufgegeben haben, indem sie in andere Einzeller eingedrungen sind und mit ihnen in Symbiose gelebt haben. Durch Zusammenschluß vieler solcher Einzeller zu Kolonien und Gewebsverbänden sind wahrscheinlich die vielzelligen Organismen entstanden.

Die *mitochondriale DNA (mt-DNA)* enthält den Bauplan für viele Enzyme, die den Energiestoffwechsel steuern. Deshalb enthalten fast alle Zellen mehr oder minder viele Mitochondrien. Es gibt aber eine wichtige Ausnahme: die männlichen Keimzellen. Sie enthalten im ausgereiften Zustand (als Spermien) fast kein Zellplasma und dementsprechend nahezu keine Mitochondrien. Die Eizellen dagegen besitzen viel Plasma mit reichlich Mitochondrien. Das bedeutet, daß bei den

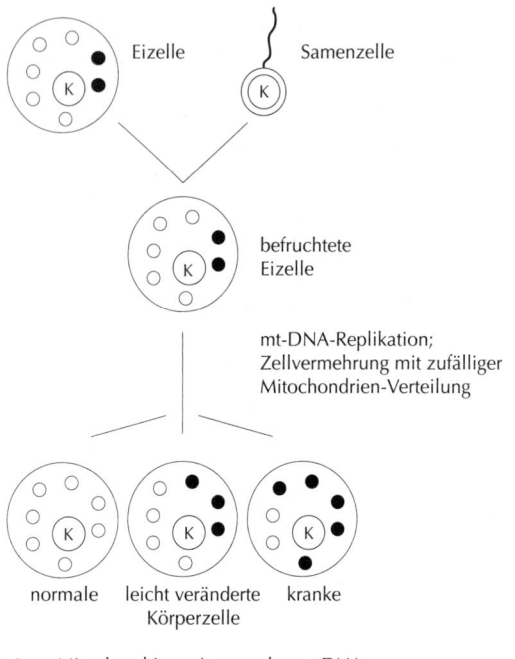

Abb. 3: Schematische Darstellung der Zufallsverteilung mutierter Mitochondrien auf verschiedene Körperzellen nach Zellvermehrung durch mitotische Teilungen.

Zellteilungen, die nach der Befruchtung einsetzen, fast ausschließlich mütterliche Mitochondrien auf die Tochterzellen verteilt werden. Dementsprechend wird auch die mt-DNA nur von der Mutter an die Nachkommen weitergegeben. Also können Erbkrankheiten, die auf Defekten der mt-DNA beruhen, nur mütterlicherseits vererbt werden. Diese Vererbungsform ist eindeutig nicht mit den Mendelschen Regeln vereinbar.

Störungen im Energiestoffwechsel der Mitochondrien beeinträchtigen vor allem die Funktionen des Nervensystems und der Muskulatur, weil diese Gewebe einen besonders hohen Energieverbrauch haben. Deshalb führen *mitochondriale Erbkrankheiten* hauptsächlich zu neurodegenerativen Störungen und psychomotorischen Behinderungen. Die Ausprägung der klinischen Erscheinungen hängt stark davon ab, wie groß der Anteil defekter Mitochondrien in den Zellen der verschiedenen Gewebe ist (siehe auch Abb. 3). Bis heute sind mindestens zehn verschiedene mitochondriale Erbkrankheiten bekannt, vermutlich gibt es aber noch wesentlich mehr.

4. Genomische Prägung (Genomic Imprinting)

Auch dieses noch nicht sehr lange bekannte Phänomen bewirkt Abweichungen von den Mendelschen Vererbungsregeln. Unter Genomic Imprinting versteht man, daß das gleiche Gen sich bei den Nachkommen unterschiedlich ausprägen kann, je nachdem, ob es vom Vater oder von der Mutter vererbt wird. Man erklärt diese unterschiedliche Ausprägung dadurch, daß entweder in den väterlichen oder mütterlichen Keimzellen bestimmte DNA-Abschnitte durch Anlagerung von Methylgruppen inaktiviert werden.

Besonders gut ist dieser Vorgang bei Mäusen untersucht worden: Beispielsweise gelang es, Mäuse zu züchten, die nicht wie üblich je ein Chromosom 11 vom Vater und von der Mutter geerbt hatten, sondern bei denen jeweils beide Chromosomen 11 entweder väterlichen oder mütterlichen Ursprungs waren. Dabei wurde beobachtet, daß das Vorhandensein von zwei väterlichen Chromosomen 11 zu Riesenwuchs führte, während die Tiere mit zwei mütterlichen Chromosomen 11 Zwergwuchs zeigten. Ähnliche Ergebnisse wurden für das Chromosom 7 beschrieben.

Auch beim Menschen gibt es zunehmend Hinweise auf genomisches Imprinting, das zur Ausprägung unterschiedlicher Krankheitsbilder führen kann. Bei der Entstehung von verschiedenen Krebsarten spielt dieser Vorgang wahrscheinlich ebenfalls eine wichtige Rolle.

5. Instabile Trinukleotidsequenzen

Trinukleotide bzw. Basen-Tripletts sind genetische Einheiten der DNA, in denen jeweils die Information für eine Aminosäure gespeichert werden kann (siehe auch S. 28).

Vor einigen Jahren wurde beim Menschen ein völlig neuer Mutationstyp entdeckt, der auf einer mehr oder minder starken Vermehrung (Expansion) von bestimmten Trinukleotiden beruht. Der dadurch entstehende genetische Defekt wird nicht nach den Mendelschen Regeln vererbt. Das bisher am besten untersuchte Beispiel ist das sogenannte *fragile X-Syndrom*, das vor allem bei Männern eine *geistige Retardierung* (Störung der Intelligenzentwicklung) hervorruft (siehe auch S. 79). Inzwischen sind weitere genetische Erkrankungen bekanntgeworden, bei denen expandierende Trinukleotide auftreten. Es handelt sich vor allem um neuromuskuläre Krankheiten wie z.B. *Chorea Huntington* (Veitstanz) (siehe auch S. 73). Wahrscheinlich werden in nächster Zeit noch einige Krankheiten entdeckt, bei denen expandierende Basen-Tripletts eine wichtige Rolle spielen.

6. Bewegliche genetische Elemente

Die amerikanische Pflanzengenetikerin Barbara McClintock entdeckte bereits in den 40er Jahren bei Kreuzungsexperimenten mit *Mais* (*Zea mays*), daß es sogenannte *springende Gene* gibt, die ihren Standort im Genom von Generation zu Generation wechseln können. Man spricht bei diesem Vorgang von *Transposition*. Die Entdeckung wurde zunächst nicht sonderlich beachtet. In den letzten 20 Jahren wurden dann aber bei fast allen Organismen (einschließlich des Menschen) bewegliche genetische Elemente nachgewiesen. Nachdem die allgemeine Bedeutung des Phänomens erkannt worden war, wurde McClintock 1983 für ihre Entdeckung mit dem Nobelpreis ausgezeichnet. Eine besondere Rolle spielen die beweglichen Elemente bei Bakterien als *Transposons*, weil durch sie andere Gene (z.B. für Antibiotikaresistenz) übertragen werden können.

7. Ungleiche Gametenproduktion (Meiotic Drive)

Die Mendelschen Regeln beruhen unter anderem auf der Annahme, daß bei der *Reifungsteilung (Meiose)* der Keimzellen die väterlichen und mütterlichen Erbanlagen im Verhältnis 1:1 verteilt werden (Segregation). Es werden aber zunehmend Hinweise bekannt, daß diese Annahme nicht immer zutrifft.

Beispielsweise kennt man bei der Fruchtfliege einen Genort, der den Namen *Segregations-Distorter-Locus (SD)* trägt, weil er die Verteilung der Erbanlagen beeinflußt. Männchen, die für SD heterozygot sind, produzieren sehr viel häufiger SD-positive Keimzellen, als es der Erwartung entspricht. Die Weibchen weisen dagegen eine normale 1:1-Segregation auf. Bei Mäusen sind für den sogenannten *t-Komplex* Verschiebungen der meiotischen Segregation beschrieben worden.

Die Drive-Mechanismen, über die noch wenig bekannt ist, setzen die normale Segregation außer Kraft und sorgen dafür, daß bestimmte Chromosomen oder Gene in einer Population häufiger werden. Dadurch können sich sowohl positive als auch negative Erbanlagen schnell in einer Population anreichern.

IV. Die molekularen Grundlagen der Vererbung

1. Die Desoxyribonukleinsäure (DNA) als genetischer Informationsspeicher

Die DNS (engl. DNA) ist ein sehr großes fadenförmiges Molekül, das in der Regel als aufgeschraubter Doppelstrang (Doppelhelix) vorliegt. Das Grundgerüst der DNA besteht aus Phosphorsäureresten und Molekülen des Zuckers Desoxyribose. Die beiden Bausteine sind immer abwechselnd eingebaut, wobei sie durch eine sogenannte Phosphodiesterbindung zusammengehalten werden. An jede Desoxyribose ist eine stickstoffhaltige Base angelagert. Die Verbindung aus Phosphorsäurerest, Desoxyribose und Base nennt man ein *Nukleotid*. Es kommen vier verschiedene *Basen* vor: *Adenin (A), Guanin (G), Cytosin (C)* und *Thymin (T)*.

Die *Doppelhelix* besteht aus zwei umeinander gewundenen Strängen, in denen viele Nukleotide hintereinander geschaltet sind (Polynukleotidstränge) und gegenläufige Polarität besitzen. Jeweils zwei gegenüberstehende Basen bilden Wasserstoffbrücken, die die beiden Stränge zusammenhalten. Die Basen werden nicht zufällig miteinander kombiniert, sondern Adenin bildet jeweils mit Thymin und Guanin mit Cytosin ein Paar (siehe auch Abb. 4).

In der Sequenz der aneinandergereihten Basenpaare ist die Information der DNA codiert. Jeweils eine Dreierkombination *(Basen-Triplett)* ergibt die Information für eine von 20 Aminosäuren, aus denen die Körpereiweiße (Proteine) aufgebaut sind. Man nennt ein solches Triplett auch *Codon*.

Nicht alle Tripletts codieren für eine Aminosäure, einige geben statt dessen die Information für den Start bzw. Abbruch der *Proteinsynthese*. Für viele Aminosäuren existieren mehrere Tripletts. Beispielsweise gibt es für die Aminosäure Arginin vier Tripletts: CGG, CGA, CGC und CGU. Man spricht deshalb von einer *Degeneration des Codes*.

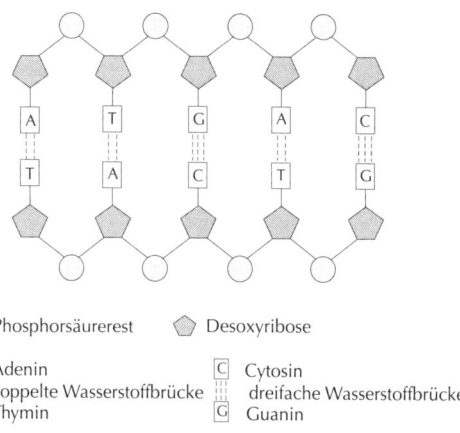

○ Phosphorsäurerest ⬠ Desoxyribose

A Adenin · · · doppelte Wasserstoffbrücke T Thymin

C Cytosin · · · dreifache Wasserstoffbrücke G Guanin

Abb. 4: Schematische Darstellung der Basenpaarung im doppelsträngigen DNA-Molekül (nach Langman 1989).

2. Die DNA-Replikation

Neben der Fähigkeit zur Speicherung von genetischer Information hat die DNA auch die Möglichkeit, sich identisch zu verdoppeln (reduplizieren). Der Replikationsvorgang (die Bildung einer exakten Kopie durch Selbstverdopplung) läuft bei *Eukaryonten* (alle höheren Organismen, die durch einen typischen Zellkern charakterisiert sind) während der Synthesephase des Zellzyklus ab. Zu Beginn der DNA-Verdopplung werden die beiden komplementären Stränge der Doppelhelix enzymatisch voneinander getrennt. An die jetzt ungepaarten Basen lagern sich komplementäre Nukleotide an. Immer dort, wo beispielsweise im alten DNA-Strang die Base Thymin vorkommt, lagert sich die Base Adenin an, wo Guanin vorkommt, bindet Cytosin. Das Enzym *DNA-Polymerase (Replicase)* verbindet die neuen Nukleotide zu einem komplementären Tochterstrang. Auf diese Weise entstehen aus einem alten Doppelstrang zwei neue, identische Doppelstränge, wobei sich immer ein alter und ein neuer Strang vereinigen. Man spricht daher von einer *semikonservativen Replikation* (siehe auch Abb. 5).

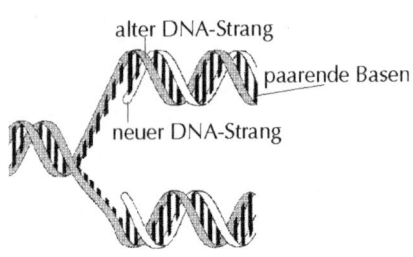

Abb. 5: Schema der DNA-Replikation.

3. Der Aufbau eines Gens

Als Gen oder *Cistron* wird in der Molekularbiologie ein Abschnitt der DNA bezeichnet, der die Information für ein *Polypeptid* (Untereinheit eines Proteins) enthält. Gene sind von sehr unterschiedlicher Größe: Sie können aus einigen tausend Basenpaaren (bp) bestehen, aber auch über eine Million Basenpaare enthalten. Ein durchschnittliches menschliches Gen enthält etwa 30 000 bp. Tausend Basenpaare werden oft auch als 1 Kilobasenpaar (1 kbp) bezeichnet.

Die DNA als Träger der Erbinformation und der Triplett-Codes findet sich mit einigen wenigen Ausnahmen (z. B. Virusarten, die RNA als Erbsubstanz verwenden) in der gesamten belebten Natur. Die Gene unterscheiden sich aber in Struktur und Funktion erheblich. Bei den Bakterien und Blaualgen (Organismen, deren Zellen keinen durch eine Membran abgeteilten Zellkern besitzen = Prokaryonten) ist ein Gen viel einfacher organisiert als bei den Eukaryonten (alle höheren Organismen, die durch einen typischen Zellkern charakterisiert sind).

Ein *Prokaryontengen* besteht in der Regel aus so vielen Basen-Tripletts, wie für die Codierung eines Polypeptids bzw. Proteins notwendig sind. Die Regulation der Genaktivität erfolgt meistens über Regulator- und Operatorgene.

Die *Eukaryontengene* enthalten neben Abschnitten, die für die Aminosäurecodierung zuständig sind, fast immer auch solche, die dafür nicht benötigt werden. Die codierenden Sequenzen nennt man *Exons*, die nichtcodierenden *Introns*. Die Aufgaben der Introns sind noch weitgehend unklar, vermutlich haben sie Regulations- und Organisationsaufgaben. Am Anfang und am Ende der Eukaryontengene finden sich außerdem meist weitere Basensequenzen, die als *Promotor*- bzw. *Terminatorregionen* bezeichnet werden. Sie legen den Start und Endpunkt für die Ablesung des Triplett-Codes fest. Nur etwa 10% der DNA eines Eukaryontengens bestehen aus codierenden Exons, während ca. 90% von Introns und anderen nichtcodierenden Sequenzen belegt sind (siehe Abb. 6).

4. Die Umsetzung der genetischen Information

Die in der DNA gespeicherte Information wird über mehrere Stufen in Polypeptide bzw. Proteine übersetzt (siehe auch Abb. 6).

Transkription
Bei diesem ersten Schritt wird der Triplett-Code eines DNA-Stranges als Negativkopie auf eine einsträngige *Ribonukleinsäure (RNA)* übertragen. Die RNA ist ähnlich aufgebaut wie die DNA, enthält jedoch *Uracil* statt Thymin. Das Uracil paart sich aber in ähnlicher Weise wie Thymin mit Adenin. Die RNA, die das primäre Transkript der DNA darstellt, wird *heterogene nukleäre RNA (hn-RNA)* genannt.

Während bei Bakterien die hn-RNA direkt für die Transkription verwendet werden kann, muß bei Eukaryonten noch ein Umbau erfolgen. Dabei werden die Teile herausgeschnitten, die den nicht codierenden DNA-Bereichen (Introns) entsprechen. Man nennt diesen recht komplizierten Vorgang *Splicing*. Zusätzlich wird ein spezielles Nukleotid an die RNA als sogenanntes *Cap* angefügt, das der Anheftung am Ribosom (einem aus Protein bestehenden Partikel in der Zelle) dient. Fast immer wird auch ein sogenannter *Poly-A-Schwanz* aus vielen adeninhaltigen Nukleotiden angehängt, der das RNA-Molekül vermutlich stabilisiert. Den ganzen Umformungsprozeß nennt man *Processing*. Die so entstandene RNA wird als

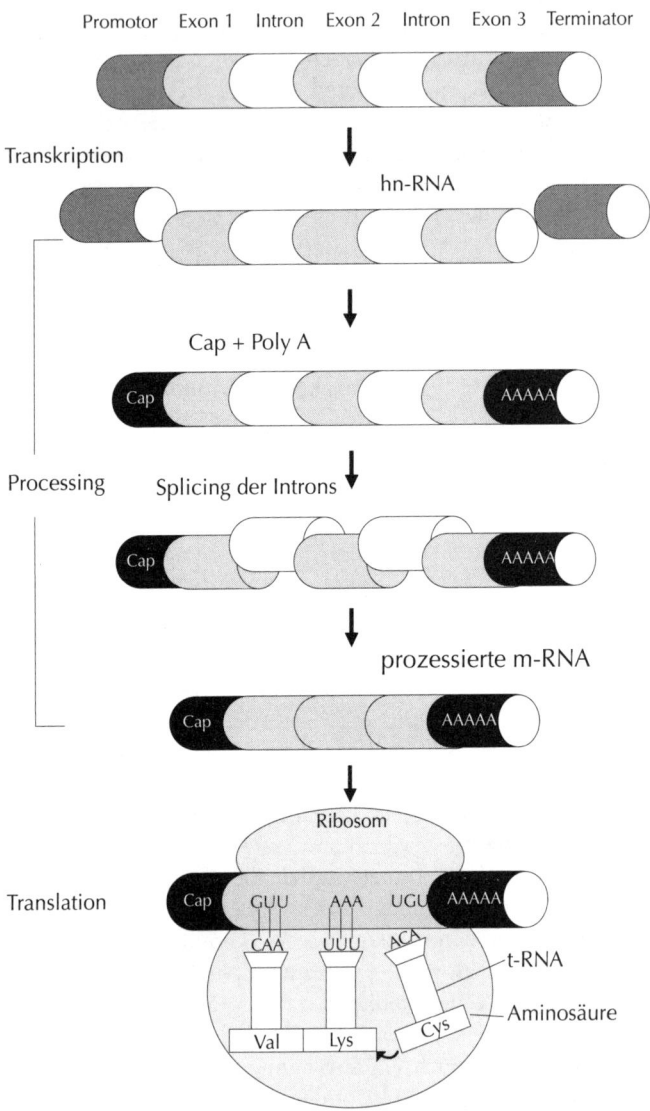

Abb. 6: Schema der stufenweisen Umsetzung des Triplett-Codes der DNA in die Aminosäurensequenz eines Proteins.

Boten- oder Messenger-RNA *(m-RNA)* bezeichnet. Sie verläßt den Kern und steht für die Proteinsynthese zur Verfügung, die im Zellplasma an besonderen Organellen, den Ribosomen, stattfindet.

Translation

Bei diesem Vorgang werden die in der m-RNA gespeicherten Informations-Tripletts dazu verwendet, die einzelnen Aminosäuren zu einer Polypeptidkette zusammenzufügen. Hierfür wird zunächst ein weiterer RNA-Typ, die Transfer-RNA *(t-RNA)*, jeweils spezifisch an eine Aminosäure gebunden. Die t-RNA-Moleküle stülpen kleeblattartig mehrere Schleifen aus. An einer dieser Schleifen befindet sich ein Basen-Triplett, das dem der m-RNA komplementär ist. Man nennt dieses Triplett der t-RNA deshalb *Anticodon*. Durch Kontaktaufnahme zwischen Codon und Anticodon wird die richtige Aminosäure an ein passendes t-RNA-Molekül angelagert. An den Ribosomen werden die Aminosäuren dann zu Polypeptidketten verknüpft. Durch Vereinigung mehrerer Polypeptide und Ausbildung einer spezifischen Raumstruktur entsteht schließlich ein funktionsfähiges Protein.

V. Das Erbgut (Genom)

1. Größe und Struktur

Als Genom wird die Gesamtheit des genetischen Materials bezeichnet, das in jeder Zelle eines höheren Organismus oder in Viren und Bakterien vorhanden ist. In seiner Größe kann es stark variieren: Während das Genom eines kleinen *Virus* nur ca. 9 000 Nukleotidpaare mit neun Genen enthält, finden sich bei *Bakterien* schon 4–5 Millionen Nukleotidpaare mit über 1 000 Genen. Die Fruchtfliege (*Drosophila melanogaster*) hat bereits 160 Millionen Nukleotidpaare pro Zelle.

Das *menschliche Genom* besteht aus ca. 3 Milliarden Nukleotidpaaren. Im entspiralisierten Zustand entspräche das einem DNA-Faden von fast 2 m Länge. Darin sind schätzungsweise nur 80 000 Gene enthalten, obwohl die DNA ausreichen würde, um mehr als 1 Million Gene zu bilden. Wenn man die im Genom enthaltenen Basen als Buchstaben auffassen würde, so entspräche der Informationsgehalt etwa dem Zehnfachen der Encyclopedia Britannica, dem wohl umfangreichsten Lexikon der Welt.

Das Genom von Prokaryonten (z. B. Bakterien) liegt nur in einer Ausfertigung vor, man nennt es deshalb *haploid*. Es ist in einem ringförmigen Element *(Chromosom)* im Zellkern angeordnet. Daneben gibt es oft noch kleine ringförmige DNA-Moleküle *(Plasmide)* im Zellplasma. Das Genom höherer Organismen (Eukaryonten) ist im Zellkern fast aller Zellen (Ausnahme: reife Keimzellen) zweifach vorhanden, es ist also *diploid*. Außerdem ist es auf mehr oder minder viele stabförmige Chromosomen verteilt.

2. Die Chromosomen der Eukaryonten

Eukaryonten-Chromosomen unterscheiden sich sehr in Größe und Form. Auch die Anzahl der Chromosomen ist variabel, innerhalb einer Art aber weitgehend konstant. Da, wie bereits erwähnt, das Eukaryontengenom diploid ist, liegen die Chromosomen paarweise vor, wobei das eine vom Vater und das andere von der Mutter stammt.

In den Chromosomen ist die DNA stark spiralisiert, wodurch sich der DNA-Faden sehr verkürzt. Den höchsten Spiralisationsgrad erreichen die Chromosomen während der Zellteilung. Damit wird die störungsfreie Verteilung der Chromosomen auf die Tochterzellen ermöglicht. Für die Spiralisation der DNA in den Chromosomen spielen kettenartig angeordnete, kugelförmige Proteinkomplexe *(Histone)* eine wichtige Rolle, weil der DNA-Faden um sie herumgewickelt wird. Eine solche Kugel nennt man *Nukleosom*. Die Kette umwickelter Kugeln wird nochmals spiralig aufgedreht und zusätzlich in Schleifen gelegt. Durch diese mehrfache Spiralisierung kann der DNA-Faden extrem verkürzt werden (siehe Abb. 7).

Die Chromosomen liegen während des Zellzyklus die meiste Zeit im Einchromatidenstadium vor. Erst zu Beginn der Zellteilung kommt es nach der DNA-Replikation (Synthese-Phase) zur Bildung von zwei *Schwesterchromatiden*, die durch eine Einschnürung *(Zentromer)* zusammengehalten werden.

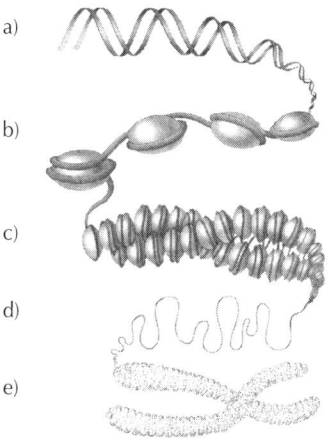

Abb. 7: Schema der Nukleosomenbildung und DNA-Spiralisation (nach Linder 1989): a) DNA-Doppelstrang, b) Nukleosomen-Kette, c) Chromatinfaden, d) Interphase-Chromatin, e) Metaphase-Chromatin.

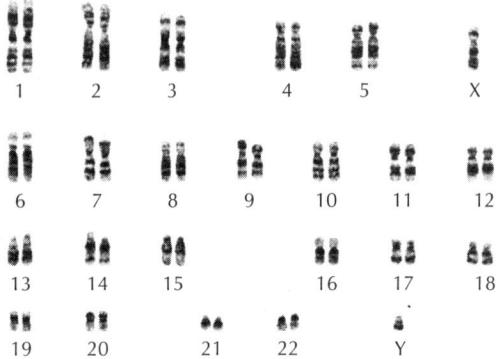

Abb. 8: Karyogramm eines normalen menschlichen Chromosomensatzes (männlich) mit Giemsa-Bänderung zur Identifizierung der Chromosomen.

Nach ihrer Funktion unterscheidet man zwei Arten von Chromosomen: die Geschlechtschromosomen *(Gonosomen)* und alle übrigen Chromosomen *(Autosomen)*. Der Mensch besitzt beispielsweise 22 Autosomenpaare und zwei Geschlechtschromosomen. Während die Autosomen von 1–22 durchnumeriert sind, werden die Gonosomen mit X und Y bezeichnet (siehe Abb. 8).

3. Zellzyklus und Zellteilung

Jede Eukaryontenzelle durchläuft vor einer Zellteilung zyklusartig verschiedene Zustandsformen. Der Zyklus beginnt mit der etwa achtstündigen *Synthesephase (S)*, in der die DNA verdoppelt wird. Darauf folgt die *Gap-2-Phase (G2)*, die etwa vier Stunden dauert und der Vorbereitung für die Teilung dient. Die eigentliche Teilungsphase wird als *Mitose (M)* bezeichnet und dauert nur ca. eine Stunde. Die daraus hervorgehenden Tochterzellen gehen in die zeitlich sehr variable *Gap-1-Phase (G1)* über. In diesem Zustand, der auch *Interphase* genannt wird, übt die Zelle ihre normalen gewebstypischen Funktionen aus. In der Interphase bleibt die Zelle so lange, bis sie erneut das Signal erhält, mit dem Zellzyklus zu beginnen.

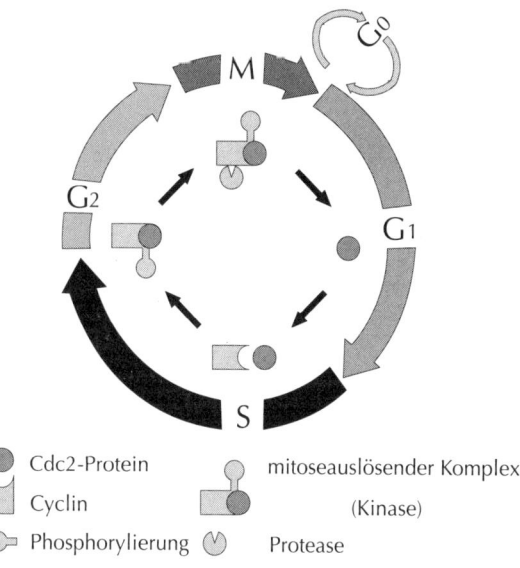

Cdc2-Protein   mitoseauslösender Komplex

Cyclin   (Kinase)

Phosphorylierung   Protease

Abb. 9: Schema des Zellzyklus und seiner Steuerung (nach Varmus 1992). Der Zellzyklus (äußerer Kreis) wird durch zyklische Veränderungen des Cyclin-Cdc2-Komplexes gesteuert (innerer Kreis). G_0 = Gap-0-Phase, G_1 = Gap-1-Phase, S = Synthese-Phase, G_2 = Gap-2-Phase, M = Mitosephase.

Sie kann aber auch in ein teilungsunfähiges Stadium, die *G0-Phase*, übergehen. Die Übergänge zwischen den einzelnen Zellzyklusphasen werden vor allem durch die Zellzyklusproteine *Cyclin* und *Cdc2* gesteuert (siehe auch Abb. 9).

Die Zellteilung wird durch zahlreiche *Wachstumsfaktoren* kontrolliert. Sie stellen sicher, daß zur richtigen Zeit und am richtigen Ort Gewebewachstum auftritt oder unterdrückt wird. Seit einigen Jahren weiß man, daß Störungen in diesem Kontrollsystem zu Krebs führen können.

Mitose

Die Zellvermehrung der somatischen Zellen (das sind alle Körperzellen mit Ausnahme der Keimzellen) erfolgt durch Zellteilung. Dabei geht die Kernteilung voraus, die Teilung des

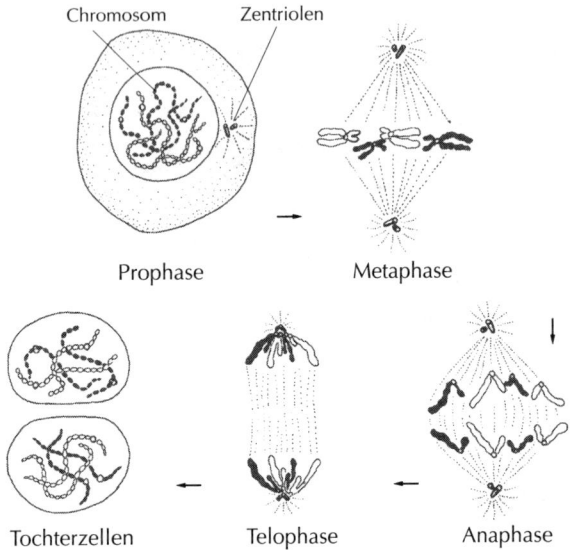

Chromosom   Zentriolen

Prophase   Metaphase

Tochterzellen   Telophase   Anaphase

Abb. 10: Schematische Darstellung der mitotischen Zellteilung (nach Langman 1989). Erklärung der Stadien siehe im Text.

Zellplasmas *(Cytokinese)* folgt nach. Das Ergebnis sind zwei genetisch identische Tochterzellen.

Die ersten mitotischen Teilungen beginnen beim Menschen wie bei anderen Säugetieren einige Stunden nach der Vereinigung der Eizelle mit der Samenzelle zur befruchteten Eizelle *(Zygote).* Zellteilungen laufen während des gesamten Lebens ab und bewirken das Körperwachstum und die Erhaltung lebenswichtiger Prozesse wie z.B. Wundheilung oder Blutbildung.

Die Mitose einer Zelle beginnt nach einer DNA-Verdopplung und folgt auf die G2-Phase des Zellzyklus. Man kann mehrere Mitose-Stadien unterscheiden (siehe auch Abb. 10).

In der *Prophase* werden die Chromosomen als lange Doppelfäden sichtbar, die an der Kernmembran angeheftet sind. Während der späten Prophase löst sich die Kernmembran auf, und die Chromosomen werden dicker und kürzer. Die nahe beieinanderliegenden Zentralkörperchen *(Zentriolen)* trennen sich und wandern zu den Zellpolen.

Die *Metaphase* beginnt mit der Bildung des Spindelapparates. Er besteht aus dünnen Spindelfasern, die von den Zentriolen zu den Kinetochoren der Chromosomen ziehen. Die Kinetochoren sind spezielle Proteinkomplexe in der Zentromerregion, die für die spätere Chromosomenwanderung wichtig sind. Die Chromosomen ordnen sich in der Mittelebene der Zelle *(Äquatorialebene)* an und teilen sich in der späten Metaphase in die zwei Schwesterchromatiden (Chromatiden = Spalthälften eines Chromosoms) auf.

Während der *Anaphase* wandert je eine Chromatide entlang der Spindelfasern zu den entgegengesetzten Zellpolen.

In der *Telophase* bildet sich wieder eine Kernmembran, und die Teilung des Plasmas beginnt. Die Chromosomen in den Tochterzellen entspiralisieren sich, während die Zellen in die G1-Phasen eintreten.

Meiose (Reifeteilung)

Die Keimzellen durchlaufen während der Spätphase ihrer Entwicklung eine besondere Art von Teilung, bei der die doppelte (diploide) Chromosomenzahl auf die einfache (haploide) Zahl reduziert wird. Die Meiose erfolgt in zwei Teilungsschritten, so daß man eine erste und zweite meiotische Teilung unterscheiden kann (siehe auch Abb. 11).

Die *Meiose I* unterscheidet sich in wesentlichen Punkten von einer mitotischen Teilung:

- Die homologen Chromosomen paaren sich *(Bivalent-Bildung)*.
- Zwischen den homologen Chromosomen entstehen Überkreuzungen *(Crossing over)* der Chromatiden.
- Im Bereich der Crossing over wird an homologen Stellen genetisches Material ausgetauscht *(genetische Rekombination)*.
- Die homologen Chromosomen wandern zu entgegengesetzten Polen, und die Zelle teilt sich.

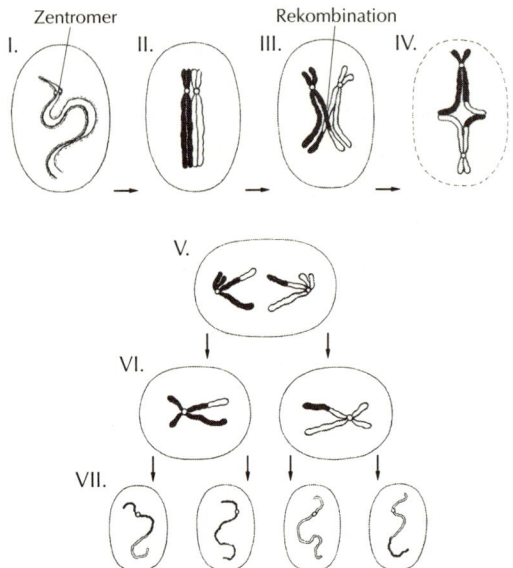

Abb. 11: Schematische Darstellung der zwei meiotischen Zellteilungen anhand zweier homologer Chromosomen (nach Langman 1989). I: DNA-Verdopplung (2 x 2 Einzelstränge = 4 n) und Annäherung der homologen Chromosomen (Bivalent-Bildung) in der frühen Prophase – II: Enge Homologenpaarung und Überkreuzungen der Chromatiden (Crossing over) in der mittleren Prophase – III: Auseinanderweichen der rekombinierten Homologen in der späten Prophase – IV: Einordnung der Homologen in der Äquatorialebene während der Metaphase – V: Wandern zu den Polen in der Anaphase – VI: Bildung von Tochterzellen der Meiose I mit rekombinierten Homologen während der Telophase (haploider Chromosomensatz = 2 n) – VII: Bildung von Tochterzellen durch die Meiose II (haploider Satz aus Einzelchromatiden = 1 n).

Die *Meiose II* verläuft wie eine Mitose:
– Jedes Chromosom teilt sich längs in zwei Chromatiden.
– Die Chromatiden wandern zu entgegengesetzten Polen.
– Es bilden sich zwei haploide Tochterzellen.
Im Gegensatz zu einer normalen Mitose sind die Tochterzellen aber nicht genetisch identisch, weil in der Meiose I eine genetische Rekombination stattgefunden hat.

VI. Die genetische Geschlechtsbestimmung

1. Andere Formen der Geschlechtsbestimmung

Die Festlegung der männlichen bzw. weiblichen Geschlechtsentwicklung durch genetische Faktoren ist in der Natur weit verbreitet. Aber es gibt durchaus auch andere Möglichkeiten: Z.B. entstehen aus den Eiern des *Igelwurms (Bonellia viridis)* gleichartige Larven, die keine Geschlechtsunterschiede zeigen. Bleibt eine Larve freilebend, so entwickelt sie sich zu einem Weibchen, setzt sich jedoch am Rüssel eines erwachsenen Weibchens fest, so entsteht ein Männchen. Bei Alligatoren entscheidet die Bruttemperatur darüber, ob Männchen oder Weibchen entstehen. Die genetische Geschlechtsbestimmung hat sich bei höheren Organismen vermutlich deshalb weitgehend durchgesetzt, weil auf diesem Weg gesichert werden kann, daß das Zahlenverhältnis von männlichen und weiblichen Individuen zu jeder Zeit weitgehend konstant ist.

2. Die Geschlechtschromosomen

Die genetische Festlegung des Geschlechts wird meist durch Geschlechtschromosomen sichergestellt, die bei Säugetieren X- und Y-Chromosomen genannt werden. Ein Weibchen entsteht in der Regel, wenn zwei X-Chromosomen vorhanden sind, während für ein Männchen die XY-Konstellation notwendig ist. Bei *Vögeln* und *Schmetterlingen* ist es umgekehrt, bei ihnen sind die Weibchen heterozygot und die Männchen homozygot.

Um Verwirrung zu vermeiden, wird bei diesen Tieren die männliche Konstellation mit ZZ und die weibliche mit ZW bezeichnet. Im weiteren wird nur noch die übliche genetische Geschlechtsdetermination bei Säugern erläutert.

In dieser Tierklasse, zu der ja auch der Mensch gehört, wird bei der Befruchtung das Geschlecht des entstehenden Individuums durch das Spermium festgelegt: Durch die meiotischen Teilungen entstehen während der Spermatogenese haploide

Spermien, die entweder ein X- oder ein Y-Chromosom tragen. Bei der Befruchtung treffen sie auf haploide Eizellen, die ein X-Chromosom enthalten. Auf diese Weise kann die männliche XY- oder die weibliche XX-Konstellation entstehen.

3. Die X–Inaktivierung

Während das Y-Chromosom fast ausschließlich männlich determinierende Gene enthält, sind auf dem X-Chromosom auch viele andere Gene vorhanden, die nicht der Geschlechtsentwicklung dienen. Für diese *autosomalen Gene* besteht zwischen männlichen und weiblichen Individuen ein genetisches Ungleichgewicht: Aufgrund der XY-Konstellation haben Männer diese Gene nur in einfacher *(hemizygoter)* Anzahl, während die Frauen mit ihrer XX-Konstellation eine doppelte Menge dieser Gene besitzen. Die englische Genetikerin Mary Lyon hat bereits 1961 die Hypothese aufgestellt, daß dieses Ungleichgewicht durch Inaktivierung eines X-Chromosoms der Frau aufgehoben wird *(Lyon-Hypothese)*. Inzwischen weiß man, daß ein solcher Inaktivierungsmechanismus tatsächlich besteht. Lediglich ein Teil des kurzen Arms des X-Chromosoms und einige wenige Genloci im langen Arm werden davon ausgenommen. Gesteuert wird der Vorgang von einem *X–Inaktivierungszentrum (XIC)*, das nur auf dem ansonsten inaktivierten X-Chromosom funktionsfähig ist.

Die Inaktivierung erfolgt schon früh in der Embryonalentwicklung. Dabei wird entweder das väterliche oder das mütterliche X-Chromosom abgeschaltet. Wenn die Inaktivierung in einer Zelle eingetreten ist, bleibt sie in allen davon abstammenden Tochterzellen erhalten. Es entsteht auf diese Weise im weiblichen Organismus ein Mosaik aus Zellen, in denen entweder die Gene des väterlichen oder des mütterlichen X-Chromosoms aktiv sind. Das Eintreten der Inaktivierung wird in den Zellen dadurch sichtbar, daß im Zellkern eine Chromatinverdichtung (Chromatin = fädige Struktur des Zellkerns aus DNS und Proteinen, die sich zu Beginn der Zellteilung zu mikroskopisch sichtbaren Chromosomen verdichtet) auftritt.

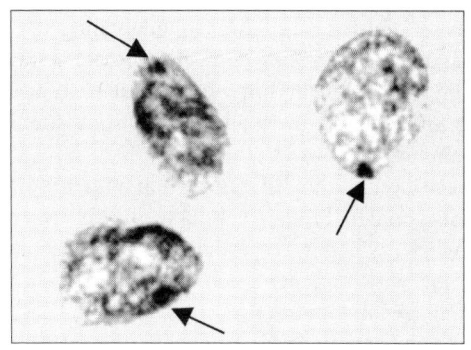

Abb. 12: Weibliche Zellkerne mit typischen randständigen Geschlechts-
chromatin-Partikeln (Pfeile).

Man spricht dabei vom *Geschlechtschromatin (Sexchromatin;
X-Chromatin)*. Nach dem Erstbeschreiber wird es auch *„Barr-
body"* genannt (siehe Abb. 12). Die Inaktivierung betrifft
nicht nur eines der beiden X-Chromosomen der Frau, sondern
auch überzählige X-Chromosomen, die sowohl bei Männern
als auch bei Frauen auftreten können (Näheres siehe S. 63).

In den weiblichen Keimzellen wird vor Beginn der meiotischen Teilungen das inaktive X-Chromosom wieder reakti-
viert, da für eine normale Reifung der Eizellen zwei aktive X-
Chromosomen notwendig sind.

4. Die Steuerung der Geschlechtsdifferenzierung

Unter Geschlechtsdifferenzierung versteht man die körperliche
Ausprägung des genetisch determinierten Geschlechts.

Beim Menschen ist etwa bis zur 6. Entwicklungswoche kein
Geschlechtsunterschied am Embryo feststellbar. Erst nach
Einwanderung der Urkeimzellen in die zunächst noch unbe-
stimmten Anlagen der Keimdrüsen (Gonaden) setzt eine unterschiedliche Entwicklung ein: Wenn Urkeimzellen einwan-
dern, die ein Y-Chromosom tragen, so bewirkt der *Testes-de-
terminierende Faktor (TDF)*, daß sich Hodengewebe entwik-
kelt. Enthalten die Urkeimzellen jedoch kein Y-Chromosom,

so fehlt dieser Faktor, und die Gonadenanlagen entwickeln sich zu Eierstöcken. Das bestimmende Prinzip ist also das Y-Chromosom, die weibliche Entwicklung ist sozusagen vorprogrammiert und läuft ab, wenn kein Y-Chromosom bzw. kein TDF vorhanden ist.

Die weitere Geschlechtsdifferenzierung wird vor allem durch das im embryonalen Hoden gebildete *Testosteron* gesteuert. Daneben wird noch der ebenfalls im Hoden gebildete Oviduktrepressor wirksam, der auch *Mullerian Duct Inhibiting Factor (MIF)* genannt wird. Er unterdrückt die Entwicklung der weiblichen Genitalgänge. Auch auf dieser Stufe der Geschlechtsdifferenzierung gilt also das Prinzip, daß die weibliche Entwicklung vorprogrammiert ist und eine männliche Modifizierung nur dann stattfindet, wenn die entsprechenden Hodenhormone zur richtigen Zeit wirksam werden.

VII. Die genetische Steuerung der Entwicklung

1. Voraussetzungen

Ein vielzelliges Lebewesen kann sich nur dann normal aus einer befruchteten Eizelle entwickeln, wenn ein Entwicklungsprogramm vorhanden ist, das schon in den frühesten Phasen der *Embryogenese* die Aktivität der vielen am Entwicklungsprozeß beteiligten Gene zeitlich und räumlich koordiniert. Ein solches Programm ist auch notwendig, um sicherzustellen, daß die Entwicklung in ihrer artspezifischen Form in jeder Generation weitgehend gleich abläuft.

Man weiß heute über diese Vorgänge allerdings noch recht wenig, insbesondere soweit es hochentwickelte Tiere wie z. B. die Säuger betrifft. Die meisten Erkenntnisse auf diesem Gebiet stammen von Untersuchungen an *Drosophila melanogaster* (Fruchtfliege). Bei ihr existieren zahlreiche Mutanten, deren Entwicklung aufgrund genetischer Störungen mehr oder minder stark verändert ist. Aus diesen Störungen kann man z. T. sehr interessante Rückschlüsse auf den normalen Ablauf der Entwicklung ziehen.

2. Die frühe Embryonalentwicklung

Erst vor kurzem ist etwas genauer erforscht worden, wie die ersten Entwicklungsschritte in der Embryonalentwicklung einsetzen. Es hat sich herausgestellt, daß in der Eizelle bereits vor der Befruchtung Signalstoffe gebildet werden, die bestimmen, wo sich das Vorder- und Hinterende bzw. die Bauch- oder Rückenregion entwickeln soll. Die deutsche Entwicklungsbiologin Christiane Nüsslein-Volhard hat für ihre grundlegenden Untersuchungen auf diesem Gebiet 1996 den Nobelpreis erhalten. Nach der Befruchtung werden über solche Signalstoffe auch einige Gene aktiviert, die eine grobe *Körpergliederung* festlegen. Kaskadenartig werden dann weitere Genreihen aktiv, die die weitere Feinsteuerung der Entwicklung übernehmen.

Eine zentrale Funktion haben dabei die *homeotischen Gene*. Diese Gene unterscheiden sich zwar deutlich voneinander, enthalten aber alle eine als *Homeobox* bezeichnete DNA-Sequenz. Diese Sequenz codiert für ein spezifisches Proteinteilstück (Homeodomäne), das eine Bindung an Steuerungselemente von Genen möglich macht. Auf diese Weise können sehr unterschiedlich aufgebaute Proteine an der Steuerung der Genaktivität teilnehmen. Die Bezeichnung „homeotische Gene" ist von dem griechischen Wort „homoios" (= „gleich") abgeleitet. Die Gene sind insofern „gleich", als sie in allen Organismen, in denen sie nachgewiesen wurden, die Bildung vergleichbarer Körperteile entlang der Längsachse steuern.

Bei den Wirbeltieren werden die entsprechenden Gene als *HOX-Gene* bezeichnet. Auch beim Menschen sind vier Gruppen von HOX-Genen bekannt, die auf vier verschiedenen Chromosomen lokalisiert sind. Aufgrund der ähnlichen genetischen Steuerung der frühen Embryonalentwicklung sehen die Säugetierembryonen anfangs auch recht ähnlich aus. Die große Verschiedenartigkeit der einzelnen Arten entwickelt sich erst später, wenn auf einer weiteren genetischen Hierarchiestufe bestimmte Gene an- bzw. abgeschaltet werden.

Während bei Drosophila die Gene für den grundlegenden Bauplan bereits drei Stunden nach der Befruchtung der Eizelle aktiviert sind, scheint dieser Vorgang beim Menschen erheblich später abzulaufen. Man nimmt an, daß erst nach der Einnistung des Keimlings in der Gebärmutterschleimhaut, also nach ca. einer Woche, die ersten Entwicklungsgene aktiviert werden. Ob die Signalstoffe wie bei Drosophila bereits in der unbefruchteten Eizelle gebildet werden, ist noch nicht endgültig geklärt. Die genetische Steuerung der frühen Embryonalentwicklung ist so kompliziert, daß dabei oft Fehler vorkommen. Das dürfte eine der wichtigsten Ursachen dafür sein, daß mehr als die Hälfte der Embryonen in den ersten Wochen der Schwangerschaft absterben und als Fehlgeburt (Abort) abgehen.

3. Die späteren Entwicklungsstadien

In den späteren Stadien der Entwicklung spielen vor allem solche Gene eine Rolle, die das Wachstum der Organe und Gewebe kontrollieren. Sie sind für die Bildung von *Wachstums- und Differenzierungsfaktoren* verantwortlich, die dafür sorgen, daß die Zellen sich zur richtigen Zeit und am richtigen Ort vermehren bzw. das Wachstum einstellen. Wenn solche Gene zur falschen Zeit aktiv werden oder nicht rechtzeitig abgeschaltet werden, können sie tumorartiges Wachstum verursachen (siehe auch S. 69).

VIII. Populationsgenetik

1. Definitionen

Als *Population* im Sinne der Genetik wird eine Gruppe von Individuen einer Art bezeichnet, die durch gegenseitige Fortpflanzungsfähigkeit und gleiche Fortpflanzungschancen *(Panmixie)* aller Mitglieder gekennzeichnet ist. In einer solchen Population existiert ein *Genpool*, der alle in dieser Gruppe vorhandenen Gene umfaßt. Dieser Genpool ist jedoch nicht konstant, sondern kann durch Aufnahme oder Verlust von Individuen vergrößert oder verkleinert werden. Auch Mutationen können den Genpool verändern. Für die einzelnen Gene im Genpool bestehen bestimmte Genhäufigkeiten *(Genfrequenzen)*. Sie besagen, wie häufig die verschiedenen Allele eines Gens in der Population vorkommen.

Die Populationsgenetik untersucht vor allem, wie sich der Genpool von Populationen entwickelt und welche Faktoren dabei eine Rolle spielen. Man kann verschiedene Teilgebiete der Populationsgenetik unterscheiden:

– Die *theoretische Populationsgenetik* arbeitet hauptsächlich mit mathematischen Modellen, mit deren Hilfe populationsgenetische Theorien und Hypothesen entwickelt werden.
– Die *experimentelle Populationsgenetik* versucht, solche Theorien und Hypothesen durch Laborversuche oder Feldstudien zu überprüfen.
– Die *biochemische bzw. molekularbiologische Populationsgenetik* beschäftigt sich vorrangig mit der Verteilung von Protein- und/oder DNA-Polymorphismen innerhalb natürlicher Populationen.

2. Das Hardy-Weinberg-Gleichgewicht

Der englische Mathematiker G. H. Hardy und der deutsche Arzt W. Weinberg haben 1908 unabhängig voneinander eine wichtige Grundlage für die theoretische Populationsgenetik geschaffen. Sie stellten durch mathematische Überlegungen fest, daß in einer Population die relative Häufigkeit von dominanten und rezessiven Allelen eines Gens über Generationen konstant bleibt. Daraus schlossen sie, daß auch die Anzahl der homozygoten und heterozygoten Genträger in einem festen Verhältnis steht. Voraussetzung für die uneingeschränkte Gültigkeit des Hardy-Weinberg-Gesetzes ist allerdings, daß die Mendelschen Aufspaltungsrelationen nicht durch Zufallsabweichungen verfälscht werden. Außerdem muß in der Population gleichmäßige Fruchtbarkeit und ungerichtete Partnerwahl herrschen. Auch dürfen die Genfrequenzen nicht durch Mutationen, Selektion oder andere Mechanismen wesentlich verändert werden. Diese vielen Voraussetzungen sind in natürlichen Populationen meist nicht gegeben, aber für grobe Abschätzungen der Genotypverteilung ist die von Hardy und Weinberg entwickelte Gleichgewichts-Formel trotzdem recht nützlich.

Zur Erklärung der *Gleichgewichts-Formel* nehmen wir als einfachstes Beispiel ein autosomales Gen an, das in einer Population nur in den zwei allelen Formen A (dominant) und a (rezessiv) vorkommt. Die Frequenz des Allels A wird mit p und die des Allels a mit q bezeichnet. Da die Gesamtfrequenz konstant sein soll, gilt:

$$p + q = 1$$

Daraus ergibt sich für die Verteilung der diploiden Genotypen

$$(p + q)^2 = 1$$

oder aufgelöst:

$$p^2 + 2pq + q^2 = 1$$

p^2 ist die Frequenz des homozygoten Genotyps für das dominante Allel (AA).

2pq ist die Frequenz des heterozygoten Genotyps (Aa).

q^2 ist die Frequenz des homozygoten Genotyps für das rezessive Allel (aa).

Die Bedeutung dieser Gleichgewichtsformel liegt darin, daß man mit ihrer Hilfe errechnen kann, wie viele heterozygote

Träger eines Krankheits-Gens in einer Population vorkommen, wenn man die Häufigkeit kennt, mit der eine rezessive Erbkrankheit in einer Population auftritt.

Zum Beispiel kommt die *Phenylketonurie,* eine erbliche Stoffwechselerkrankung (siehe S. 76), in Mitteleuropa mit einer Häufigkeit von etwa 1 auf 10 000 Neugeborene vor. Da die Krankheit rezessiv erblich ist, muß ein Patient den homozygoten rezessiven Genotyp aa haben, der in der Hardy-Weinberg-Formel q^2 entspricht.

Die Häufigkeit „q" des rezessiven Allels errechnet sich als

$$\sqrt{1/10\,000} = 1/100$$

Die Häufigkeit „p" des dominanten Allels kann bei seltenen Krankheiten annähernd mit 1 gleichgesetzt und damit rechnerisch vernachlässigt werden. Für die Anzahl der heterozygoten Genträger $2pq$ ergibt sich also $2/100 = 1/50$. Das bedeutet, daß in Mitteleuropa etwa jede 50. Person heterozygoter Träger des Phenylketonurie-Gens ist. Diese Zahl macht erschreckend deutlich, wie häufig rezessive Krankheitsgene vorkommen. Vermutlich trägt jeder von uns mehrere solcher Gene in sich. Sie haben allerdings nur dann Auswirkungen, wenn zwei Genträger miteinander Kinder haben. In diesem Fall beträgt das Risiko für ein krankes Kind entsprechend den Mendelschen Regeln 25%.

3. Faktoren, die den Genpool einer Population verändern

Mutation und Selektion

Zufällige Veränderungen des Erbguts entstehen laufend als sogenannte *Spontanmutationen.* Nur in seltenen Fällen haben solche Ereignisse positive Auswirkungen auf die Reproduktionsrate der Betroffenen, so daß ein Selektionsvorteil entsteht. Viel häufiger wirken sich Mutationen ungünstig auf die Lebensfähigkeit oder Fortpflanzungsfähigkeit eines Individuums aus und werden deshalb meist schnell ausselektiert. Die Tatsache, daß trotzdem auch schwere Erbkrankheiten über lange Zeit in einer Population erhalten bleiben, läßt sich durch immer wieder auftretende Neumutationen erklären. Es stellt sich ein Gleichgewicht zwischen negativer Selektion und Neumutation ein. Eine „Ausmerzung" solcher Krankheiten durch eugenische Maßnahmen, wie sie beispielsweise vom Nationalsozialismus angestrebt wurde, ist deshalb nicht nur aus moralischen Gründen abzulehnen, sondern stellt auch aus genetischer Sicht ein absurdes Unterfangen dar.

Umweltfaktoren

Einflüsse aus der Umwelt können eine erhebliche Veränderung in der Häufigkeit von Genen einer Population bewirken. Voraussetzung dafür ist, daß die Faktoren lange einwirken und daß eine entsprechende genetische Variabilität vorhanden ist.

Beim Menschen kann der Einfluß der Ernährung an der Häufigkeit der Milchzuckerunverträglichkeit *(Laktose-Intoleranz)* aufgezeigt werden. In Populationen mit lang tradierter Milchviehzucht ist diese genetisch fixierte Intoleranz deutlich seltener als bei Völkern ohne Milchproduktion. Auch Infektionskrankheiten haben in vielfältiger Weise Einfluß auf die Genhäufigkeiten genommen.

Besonders prägnante Beispiele für den Umwelteinfluß stellen verschiedene Mutationen des *Hämoglobin-Gens* dar, die in heterozygoter Form vor Malaria schützen. Das trifft vor allem für das Gen zu, das im homozygoten Zustand die *Sichelzellanämie* verursacht.

Die Erkrankung hat ihren Namen daher, daß die roten Blutkörperchen (Erythrozyten) dazu neigen, eine sichelförmige Gestalt anzunehmen. Im heterozygoten Zustand schützt die Sichelzell-Mutation vor Malaria tropica, weil die Erreger sich in den veränderten Erythrozyten nicht vermehren können. Im homozygoten Zustand verursacht die Mutation jedoch eine schwere Anämie, die meist zum Tode führt. Der Schutz vor Malaria war trotzdem in den negriden Bevölkerungsgruppen Afrikas ein so wichtiger Selektionsvorteil, daß die Mutation sich in diesen Populationen stark anhäufte. Dementsprechend hoch ist dort allerdings auch die Anzahl von Kindern mit

Sichelzellanämie (ca. 1 auf 500 Neugeborene; bei uns ca. 1:10 000).

Ähnliches gilt für die *Thalassämien*, denen ebenfalls Mutationen in einem der Hämoglobin-Gene zugrunde liegen. Die mutierten Gene sind in vielen derzeitigen Malaria-Gebieten häufig, kommen aber auch im Mittelmeerraum vor, wo heute die Malaria keine große Rolle mehr spielt. Beispielsweise ist das ß-Thalassämie-Gen in Süditalien noch bei etwa 20% der Bevölkerung vorhanden.

Partnerwahl

In menschlichen Populationen besteht die für das Hardy-Weinberg-Gleichgewicht geforderte Panmixie (zufällige Partnerwahl) so gut wie nie.

Es sind zahlreiche *Auslesefaktoren* bekannt wie z.B. Körpergröße und Intelligenz. Außerdem gibt es vielfältige Isolationsbildungen, in denen aus geographischen, sozialen oder religiösen Gründen die Partnerwahl eingeschränkt ist. Man spricht in diesen Fällen von *Paarungssiebung*. In Isolaten kommt es nicht selten zu Verwandtenehen. Wenn sich die intrafamiliäre Partnerwahl in Populationen häuft, spricht man von *Inzucht*. Dadurch werden die Genfrequenzen zwar meist nicht wesentlich verändert, aber es kommt verstärkt zu Homozygotie. Das kann zur Vermehrung autosomal-rezessiver Erbkrankheiten führen. Beispielsweise wird das häufige Auftreten einer besonderen Form des *Albinismus* (erbliche Pigmentstörung) bei Hopi-Indianern mit Inzucht erklärt.

Genetische Drift und Gründereffekt

Unter genetischer Drift versteht man, daß es vor allem in kleinen Populationen zu zufälligen Veränderungen in der Genotypenverteilung kommt. Beispielsweise kann der einzige Träger eines Gens ohne Nachkommen sterben, oder es wandert ein Individuum zu, das ein neues Gen mitbringt.

Auch der Gründereffekt *(Foundereffect)* ist hauptsächlich für kleine Bevölkerungsgruppen bedeutsam. Zufällig kann ein ansonsten seltenes Allel besonders häufig vorkommen. Bei einer starken Vermehrung innerhalb der Gruppe wird es an eine Vielzahl von Individuen weitergegeben.

Das bekannteste Beispiel für einen solchen Effekt stellt die *Tay-Sachs-Krankheit* bei den aus Osteuropa stammenden Ashkenasi-Juden dar. Einige dieser Familien sind in die USA ausgewandert und haben sich dort stark vermehrt. In der so entstandenen Population ist die autosomal-rezessive Tay-Sachs-Krankheit etwa zehnfach häufiger als in der Allgemeinbevölkerung. Die homozygoten Genträger sterben bereits im Kindesalter an einer schweren degenerativen Nervenkrankheit, die durch eine pathologische Lipidspeicherung verursacht wird.

Genfluß durch Migration

In größerem Umfang erfolgt Genfluß meist durch Migration, d. h. durch Vermischung von Bevölkerungsgruppen mit unterschiedlichen Genpools. Migration hat bei uns vor allem in der Zeit der Völkerwanderungen in großem Umfang stattgefunden. Heute führt die allgemeine Mobilität der Menschheit zur Auflösung fast aller Isolate und damit zu einer zunehmenden Angleichung der Genfrequenzen in der gesamten menschlichen Population.

Einfluß therapeutischer Maßnahmen

Schnelle Veränderungen des Genpools sind durch neue Therapiemöglichkeiten nicht zu erwarten. Das wichtigste Beispiel für therapeutischen Einfluß stellt die inzwischen weitverbreitete Diätbehandlung der Patienten mit *Phenylketonurie* (PKU) dar (siehe auch S. 76). Trotz der damit erreichten fast normalen Fortpflanzungsfähigkeit von PKU-Patienten wird geschätzt, daß es ca. 36 Generationen dauern wird, bis die Frequenz des PKU-Gendefektes sich in der Bevölkerung verdoppelt.

IX. Mutationen

1. Mutation und Reduplikation

Eine der wichtigsten Eigenschaften des Erbmaterials ist zweifellos seine Fähigkeit zur *identischen Reduplikation*. Damit wird sichergestellt, daß die gespeicherten Erbinformationen unverändert von Generation zu Generation weitergegeben werden können. Während der meiotischen Teilungen kommt es zwar regelmäßig zu Austauschvorgängen zwischen väterlichem und mütterlichem Erbgut. Dabei sind aber in aller Regel immer nur homologe Chromosomenabschnitte betroffen, d.h., die vom Vater bzw. von der Mutter stammenden Gene werden neu gemischt, aber in ihrem Informationsgehalt nicht verändert.

Die *Konstanz des genetischen Materials* ist aber nicht absolut, und seine Reproduktion funktioniert nicht immer fehlerfrei, so daß daraus Änderungen im Genom entstehen können. Man nennt sie Mutationen. Ist eine Mutation einmal im Genom einer Zelle entstanden, so wird sie mitrepliziert und an alle Tochterzellen weitergegeben, es sei denn, die Veränderung ist so schwerwiegend, daß die Zelle ihre Teilungsfähigkeit verliert. Wenn eine somatische Zelle von einer Mutation betroffen ist, bleiben die Auswirkungen meist auf ein Organsystem beschränkt. Es kann z.B. ein Tumor entstehen. Tritt die Mutation jedoch in einer Keimzelle auf, so sind davon alle Zellen des daraus entstehenden Individuums betroffen. Solche *Keimzellmutationen* führen oft zu Aborten, Fehlbildungen oder Erbkrankheiten. Da auch die Keimzellen des neuen Individuums wieder die Mutation tragen, wird sie an die nächste Generation weitergegeben, falls eine Fortpflanzung überhaupt möglich ist.

2. Mutationstypen

Die Mutationen werden in drei Gruppen eingeteilt: Genommutationen, Chromosomenmutationen und Genmutationen.

Genommutationen

Sie entstehen durch Veränderungen der Chromosomenzahl im Zellkern. Dabei liegt ein Fehler während der meiotischen oder mitotischen Teilungen zugrunde, der meist durch Störungen am spindelförmigen Teilungsapparat verursacht wird. Schätzungsweise kommt es bei ca. 100 Zellteilungen zu einer Genommutation. Am häufigsten bleibt die Trennung homologer Chromosomen bzw. Chromatiden aus. Dadurch entstehen entweder Trisomien oder Monosomien einzelner Chromosomen. Als *Trisomie* bezeichnet man den Zustand, bei dem ein Chromosom nicht in der normalen zweifachen Ausfertigung in einer Zelle vorliegt, sondern dreifach vorhanden ist. Umgekehrt fehlt bei der *Monosomie* das zweite Exemplar eines Chromosoms. Monosomien stellen wegen des damit verbundenen Verlusts zahlreicher Gene in aller Regel eine schwerwiegendere genetische Störung dar als Trisomien.

Vor allem in den Keimzellen haben *Chromosomenfehlverteilungen* eine besondere Bedeutung, weil nach der Befruchtung daraus entweder trisome oder monosome Zygoten entstehen können. Mit Ausnahme der Monosomie des X-Chromosoms bei weiblich determinierten Zygoten führen Monosomien beim Menschen fast immer zum Absterben der Frucht in einem sehr frühen Stadium. Trisome Zygoten können sich dagegen oft noch für einige Zeit weiterentwickeln. Sie werden allerdings in den meisten Fällen nach wenigen Wochen als *Frühaborte* ausgestoßen. Dementsprechend finden sich bei bis zu 50 % der Frühaborte numerische Chromosomenanomalien als Ursache. Nur wenige trisome Embryonen können sich bis zur Geburtsreife entwickeln, so daß lebensfähige Kinder mit Trisomien relativ selten sind. Die wichtigsten lebensfähigen Trisomien beim Menschen sind auf S. 65 ff. beschrieben.

Neben der Vermehrung einzelner Chromosomen kann es auch zu einer Vervielfachung *(Polyploidie)* des ganzen Chromosomensatzes kommen. Bei Verdreifachung spricht man von Triploidie, bei Vervierfachung von Tetraploidie. Die *Triploidie* stellt beim Menschen immer einen pathologischen Zustand dar. Triploide Embryonen werden meistens schon früh abortiert, in sehr seltenen Fällen können auch triploide Kinder geboren werden, die allerdings aufgrund schwerer Fehlbildungen keine Überlebenschance haben. Auch die *Tetraploidie* aller Zellen ist beim Menschen mit einer normalen Embryonalentwicklung nicht vereinbar. Allerdings finden sich vergleichsweise oft Tetraploidien in embryonalen Zellkulturen (z.B. bei vorgeburtlichen Chromosomenuntersuchungen). Dabei handelt es sich in der Regel um eine in der Kultur entstandene Tetraploidie, die meist keine Bedeutung für das heranwachsende Kind hat. Die Vervielfachung des Genoms bis hin zur *Oktoploidie* tritt auch in manchen Organen (z.B. Leber, Knochenmark) auf und stellt eine Anpassung an spezifische Funktionen der Zellen dar. Bei Pflanzen ist eine Genomvervielfachung (Polyploidisierung) ein normaler Vorgang, der die Anpassungsfähigkeit erhöht.

Die Halbierung des Chromosomensatzes wird als *Haploidie* bezeichnet. In diesem Zustand liegt jedes Chromosom bzw. jede Chromatide nur noch einfach vor. Die Keimzellen sind nach den meiotischen Teilungen haploid. Alle anderen Zellen sterben im haploiden Zustand ab.

Chromosomenmutationen
Sie werden durch Veränderungen in der Struktur der Chromosomen verursacht und entstehen mit einer Häufigkeit von etwa 1 auf 1500 Zellteilungen. Es gibt mehrere Formen von Chromosomenmutationen (siehe auch Abb. 13).

– Als *Deletion* bezeichnet man den Verlust eines Chromosomenabschnitts.
– Bei der *Insertion* wird ein zusätzliches Segment in ein Chromosom eingefügt.
– Eine *Duplikation* entsteht durch Verdopplung eines Chromosomensegments.
– Die *Inversion* entsteht durch eine Umlagerung eines Segmentes innerhalb eines Chromosoms um 180°.
– Als *Translokation* wird ein Austausch von Segmenten zwischen zwei Chromosomen bezeichnet.

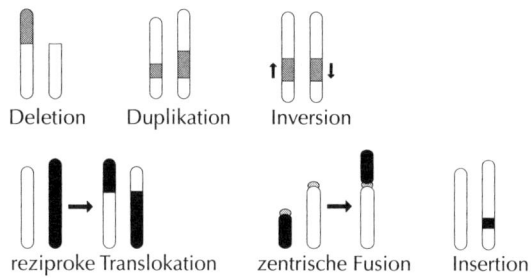

Abb. 13: Schematische Darstellung der wichtigsten Chromosomenmutationen (Beschreibung siehe Text).

– Die *zentrische Fusion* ist eine Sonderform der Translokation. Dabei verschmelzen zwei Chromosomen. Der Vorgang wird auch *Robertsonsche Translokation* genannt.

Die Folgen von Chromosomenveränderungen sind vielfältig. Sie hängen stark von der Größe der betroffenen Chromosomensegmente und der Anzahl der darauf vorhandenen Gene ab. Deletionen sind besonders schwerwiegend, weil dadurch *partielle Monosomien* entstehen. Insertionen und Duplikationen verursachen *partielle Trisomien*. Bei Inversionen und Translokationen unterscheidet man *balancierte* und *unbalancierte* Formen. Balanciert bedeutet, daß es weder zum Verlust noch zum Zugewinn von wichtigem genetischen Material gekommen ist. Dementsprechend sind die Träger balancierter Translokationen und Inversionen im allgemeinen phänotypisch unauffällig. In ihren Keimzellen entstehen allerdings relativ oft unbalancierte Kombinationen von Chromosomen, die bei den Nachkommen zu partiellen Monosomien und Trisomien führen können (siehe auch S. 68).

Genmutationen

Sie betreffen nur die Basensequenz in der DNA einzelner Gene und können deshalb nicht wie die Genom- und Chromosomenmutationen im Mikroskop sichtbar gemacht werden. Manchmal werden sie auch Punktmutationen genannt. Man schätzt, daß je Zellteilung eine Genmutation pro 10 Milliarden

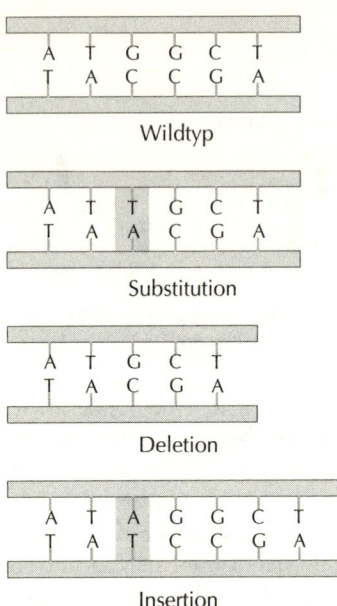

Abb. 14: Schematische Darstellung der wichtigsten Genmutationen (nach Passarge 1994, Beschreibung siehe Text).

Basenpaare auftritt. Auf das menschliche Genom bezogen, würde das bedeuten, daß bei ungefähr jeder dritten Zellteilung ein Gen mutiert. Als wichtigste Typen werden unterschieden (siehe auch Abb. 14):

Die *Substitution* bewirkt den Austausch einer Base in einem DNA-Triplett. Das kann dazu führen, daß der Informationsgehalt des Tripletts sich so verändert, daß eine falsche Aminosäure in eine Polypeptidkette eingebaut wird. Es entsteht also eine genetische Fehlinformation, die man auch als *Missense-Mutation* bezeichnet.

Die *Deletion* verursacht den Verlust eines Basenpaares oder auch mehrerer Basenpaare. Das führt zur Verschiebung des Leserasters (Frameshift) für die nachfolgenden Basentripletts des betroffenen Gens. Dadurch kommt es zu einer mehr oder minder vollständigen Veränderung der Aminosäuresequenz der Polypeptidkette, für die das Gen codiert. Die genetische Information wird wertlos, weshalb man von einer *Nonsense-Mutation* spricht. Wenn ein ganzes Triplett deletiert wird, fehlt die entsprechende Aminosäure im Polypeptid.

Die *Insertion* entsteht durch zusätzlichen Einbau eines Basenpaars oder mehrerer Basenpaare. Auch diese Mutation führt wie die Deletion meist zur Verschiebung des Leserahmens und damit zu einer Nonsense-Mutation.

Bei *Stopcodon-Mutationen* ist ein Triplett mutiert, das dafür sorgt, daß die Ablesung der Basensequenz eines Gens beendet wird. Es kommt dadurch zum Ablesen einer zu langen Sequenz und damit zur Bildung einer unbrauchbaren Polypeptidkette. Manchmal entsteht ein Stopcodon durch Mutation an einer falschen Stelle innerhalb eines Gens. Das führt in der Regel zu einem verkürzten und damit ebenfalls unbrauchbaren Polypeptid.

Durch *Promotor-Mutationen* wird die Transkription des nachfolgenden Gens verhindert. Solche nicht ablesbaren Gene nennt man *Pseudogene*.

3. Ursachen für Mutationen

Mutationen treten meist spontan, d.h. ohne nachweisbare Ursachen auf. Die Häufigkeit von Mutationsereignissen ist wesentlich höher als die Zahl der erkennbaren Mutationen. Dieser Unterschied ist dadurch zu erklären, daß die Zellen über sehr effektive Reparaturmechanismen verfügen, die den größten Teil der Veränderungen wieder in Ordnung bringen.

Beim Menschen werden die *Mutationsraten* pro Gen auf 10^{-4} bis 10^{-6} für jede Generation geschätzt. Diese Raten steigen bei manchen Genen mit dem *väterlichen Alter* deutlich an. Das dürfte damit zusammenhängen, daß sich die Spermien während ihrer Entwicklung öfter teilen als die Eizellen. Die Teilungsphase ist für Mutationen besonders anfällig, weil bei der DNA-Replikation falsche Basen eingebaut werden können (siehe auch Abb. 15).

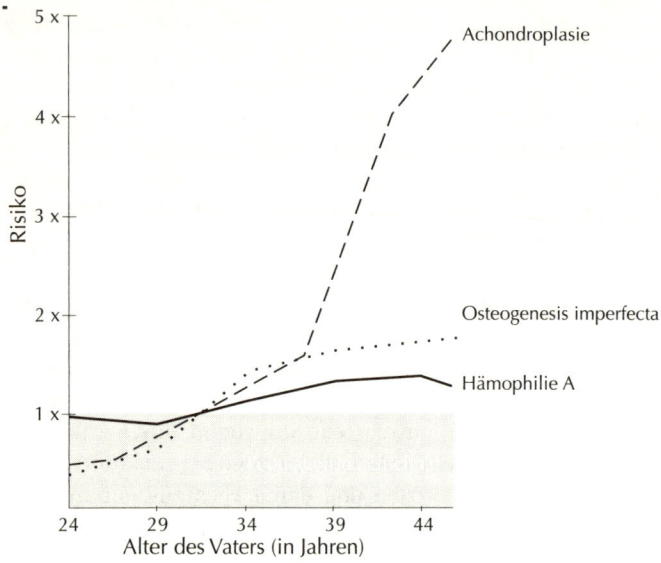

Abb. 15: Das Risiko für Spontanmutationen bei einigen Erbkrankheiten in Abhängigkeit vom väterlichen Alter (nach Murken 1996).

Im Gegensatz zu den Genmutationen, die vom väterlichen Alter abhängig sind, steigt die Zahl einiger Genommutationen mit dem *Alter der Mutter* stark an. Dieser Effekt kommt vermutlich dadurch zustande, daß die Eizellen über lange Zeit in der 1. Meiose verharren (siehe auch S. 39 f.). Wenn sie dann bei der Ovulation bzw. Befruchtung die meiotischen Teilungen beenden sollen, kommt es offenbar vermehrt zu Chromosomenfehlverteilungen (siehe auch Abb. 16).

Es ist schon relativ lange bekannt, daß *ionisierende Strahlen* die Entstehung von Mutationen begünstigen, wobei die Zahl aller drei Mutationstypen erhöht wird. Daß auch *UV-Strahlen* mutagene Wirkungen haben können, ist erst wesentlich später erkannt worden. *Chemikalien* können ebenfalls als Mutagene wirken. Deshalb müssen seit einigen Jahren alle neuen Arzneimittel und Industriechemikalien auf mutagene Wirkungen untersucht werden. Dafür stehen zahlreiche *Mutagenitätstests*

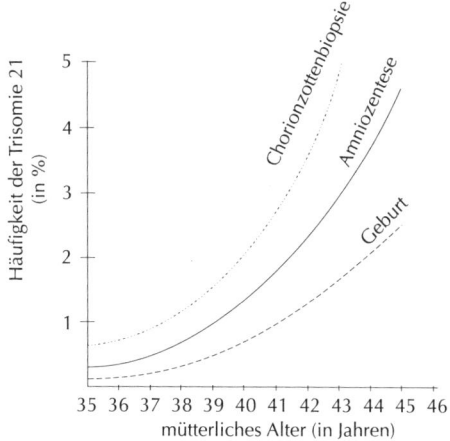

Abb. 16: Die relative Häufigkeit der Trisomie 21 in Abhängigkeit vom mütterlichen Alter und von der Erfassungsmethode (nach Murken 1996). Die deutlichen Frequenzunterschiede beruhen auf der relativ hohen Zahl von spontanen Fehlgeburten bei Trisomie 21 in der Frühschwangerschaft.

zur Verfügung, die allerdings immer nur einen Teil des Mutationsspektrums erfassen können. Die Mutagenitätstestung ist auch deshalb wichtig, weil in vielen Fällen mutagene Wirkungen mit krebserzeugenden (cancerogenen) Wirkungen gekoppelt sind.

Mutagene, die vor allem an der Teilungsspindel angreifen und dadurch Genommutationen auslösen, nennt man *Aneugene*. Mutagene, die vorrangig Chromosomenbrüche verursachen und damit zu Chromosomenmutationen führen, heißen *Klastogene*. Oft treten aber auch beide Wirkungen gleichzeitig auf.

4. Entstehung von Fehlbildungen ohne Mutationen

Fehlbildungen können nicht nur durch Mutationen entstehen, sondern auch durch äußere Einflüsse, die eine Störung der Embryonalentwicklung verursachen. Diese Art der Schädigung wird als *teratogen* bezeichnet und ist streng von der mutagenen Wirkung zu unterscheiden. Da teratogene Störungen in der Regel nicht durch Veränderungen des genetischen Materials entstehen, werden sie auch nicht vererbt. Es gibt allerdings Faktoren, die sowohl mutagene als auch teratogene Wirkungen haben (z.B. ionisierende Strahlung). Die Stärke der teratogenen Schädigung hängt weitgehend vom Zeitpunkt der Einwirkung ab.

Am bekanntesten wurde die teratogene Wirkung von conterganhaltigen Medikamenten. Sie verursachten vor ca. 30 Jahren bei einigen tausend Kindern schwere Fehlbildungen der Arme und Beine.

X. Chromosomenstörungen des Menschen

1. Definitionen

Die Chromosomenstörungen (*Aberrationen*) umfassen sowohl die Genommutationen, bei denen numerische Veränderungen vorliegen, als auch die Chromosomenmutationen, die strukturelle Chromosomenveränderungen darstellen. Chromosomenaberrationen treten beim Menschen recht häufig auf. Die meisten führen zu Aborten, aber auch ca. 0,5% der lebendgeborenen Kinder tragen eine Chromosomenaberration.

Von den eigentlichen Chromosomenaberrationen mit Krankheitswert müssen chromosomale *Polymorphismen* unterschieden werden. Sie verursachen keine Krankheitserscheinungen, sondern stellen erbliche Strukturvarianten dar.

2. Beispiele für numerische Aberrationen der Geschlechtschromosomen (Gonosomen)

Klinefelter-Syndrom
Dieses Krankheitsbild wird durch die XXY-Konstellation verursacht. Die Patienten sind phänotypisch männlich, weisen aber aufgrund des überzähligen X-Chromosoms ein feminisiertes Aussehen auf. Die Hoden bleiben klein und bilden keine befruchtungsfähigen Spermien. Die Produktion männlicher Geschlechtshormone *(Androgene)* ist stark reduziert. Die geistige Entwicklung kann sehr unterschiedlich sein. Meist liegt eine im Vergleich zu Familienmitgliedern leicht verminderte Intelligenz vor. Oft werden auch Verhaltensauffälligkeiten beobachtet. Etwa jeder 1000. Knabe ist vom Klinefelter-Syndrom betroffen (siehe auch Abb. 17).

Turner-Syndrom
Diese Chromosomenanomalie ist durch die X0-Konstellation charakterisiert. Die Patientinnen haben einen weiblichen Phänotyp, zeigen aber in der Pubertät in der Regel keine sexuelle Ausreifung. Neben verschiedenen körperlichen Merkmalen

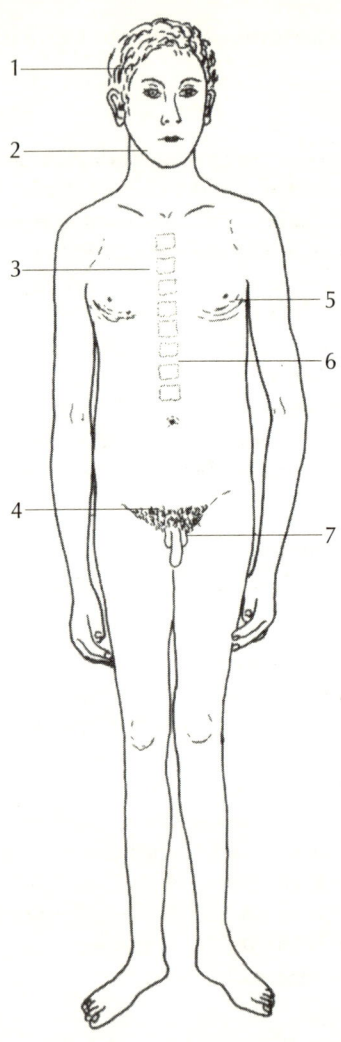

Abb. 17: Darstellung der wichtigsten phänotypischen Merkmale beim Klinefelter-Syndrom (nach Hienz 1971). 1: fehlende Geheimratsecken, 2: schwacher Bartwuchs, 3: fehlende Brustbehaarung, 4: weiblicher Schambehaarungstyp, 5: verstärkte Brustentwicklung, 6: Knochenschwund, 7: kleine Hoden.

fällt vor allem ihr deutlicher Minderwuchs (meist unter 1,50 m) auf. Die geistige Entwicklung ist kaum beeinträchtigt.

Sehr oft tritt beim Turner-Syndrom ein Mosaik aus normalen und abnormen Zellen auf, weshalb das klinische Bild auch sehr unterschiedlich ist. Die X0-Konstellation wird bei etwa 10% aller Frühaborte gefunden. Unter Neugeborenen tritt das Turner-Syndrom jedoch nur mit einer Häufigkeit von 1:5000 auf. Der genetische Defekt ist offensichtlich so schwerwiegend, daß nur selten eine Entwicklung bis zur Geburtsreife möglich ist.

3. Beispiele für numerische Aberrationen der Autosomen

Sie treten unter Neugeborenen mit einer Gesamthäufigkeit von etwa 1:500 auf. Diese recht hohe Zahl beruht vor allem darauf, daß die Trisomie 21 ziemlich häufig vorkommt. Sehr viel seltener sind die Trisomien 13 und 18. Die Trisomien der Chromosomen 8 und 9 sind noch seltener und kommen fast ausschließlich als Mosaik neben normalen Zellen vor. Autosomale Monosomien ganzer Chromosomen sind normalerweise nicht mit der Entwicklung bis zur Geburtsreife vereinbar, werden aber bei Frühaborten gefunden.

Trisomie 21
Das durch die Trisomie 21 verursachte Krankheitsbild wird auch *Down-Syndrom* oder *Mongolismus* genannt. Die Bezeichnung „Mongolismus" sollte man allerdings möglichst vermeiden, weil sie auf falschen und rassistischen Vorstellungen des englischen Arztes Langdon Down beruht, der das Syndrom 1866 erstmals beschrieben hat. Er vertrat die Auffassung, daß es sich dabei um einen Rückfall in die mongolide Rasse handelt. Auslöser für diese ziemlich abstruse Vorstellung waren vermutlich einige körperliche Auffälligkeiten wie das breite, flache Gesicht, die schräge Lidachsenstellung und eine kleine Hautfalte über dem inneren Augenwinkel, die entfernt an die Mongolenfalte erinnert (siehe auch Abb. 18).

Neben zahlreichen anderen phänotypischen Auffälligkeiten

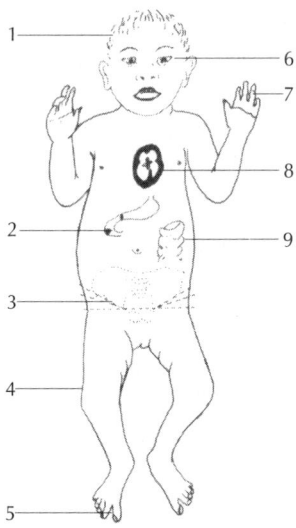

Abb. 18: Darstellung der wichtigsten phänotypischen Merkmale beim Down-Syndrom (nach Hienz 1971). 1: kurzer, am Hinterkopf abgeflachter Schädel, 2: Dünndarmverengungen, 3: fehlgebildetes Becken, 4: schlaffe Muskulatur, 5: großer Abstand zwischen 1. und 2. Zehe, 6: breites, flaches Gesicht mit weit auseinanderliegenden, schrägstehenden Augen, kleiner, flacher Nase, kleinen Ohren, 7: kurze, breite Hände, 8: Herzfehler, 9: erweiterter Dickdarm.

ist das Hauptmerkmal der Trisomie 21 eine geistige Retardierung, die ab dem ersten Lebensjahr immer deutlicher in Erscheinung tritt. In der Regel wird nur ein Intelligenzquotient von ca. 50 Punkten erreicht, was ungefähr dem geistigen Niveau eines etwa sechsjährigen Kindes entspricht. Angeborene Herzfehler und andere Organmißbildungen sowie ein erhöhtes Leukämierisiko führen zu einer reduzierten Lebenserwartung. Seit einigen Jahren ist bekannt, daß bei Down-Syndrom-Patienten oft schon im Alter zwischen 20–30 Jahren ein vorzeitiger Alterungsprozeß einsetzt, der Ähnlichkeiten mit der Alzheimerschen Krankheit hat.

Die Trisomie 21 betrifft etwa jedes 700. Neugeborene und ist damit die häufigste Chromosomenanomalie des Menschen.

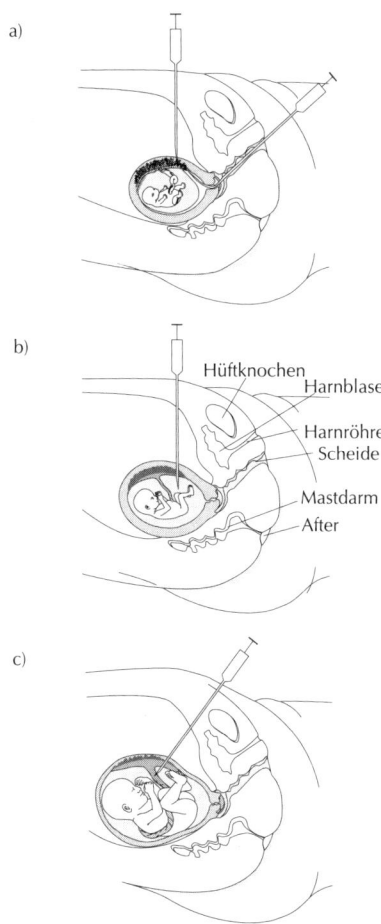

Abb. 19: Methoden der pränatalen Diagnostik: a) *Chorionzottenbiopsie*. Etwa in der 9.–11. Schwangerschaftswoche kann Gewebe aus dem Chorion (Vorstadium der Plazenta) entnommen werden. Die Entnahme kann mit einem Katheter durch die Vagina oder mit einer Kanüle durch die Bauchdecke erfolgen. – b) *Amniozentese*. Etwa ab der 14. Schwangerschaftswoche kann Fruchtwasser mit darin enthaltenen Zellen durch Punktion des Amnionsackes entnommen werden. – c) *Nabelschnurpunktion*. Etwa ab der 20. Schwangerschaftswoche kann fetales Blut durch Punktion der Nabelschnur entnommen werden.

Die Häufigkeit ist stark vom Alter der Mutter abhängig. Bei einer 25jährigen Frau liegt die Wahrscheinlichkeit, ein Kind mit Trisomie 21 zu bekommen, bei 1:2000. Bei einer 45-jährigen Mutter steigt die Wahrscheinlichkeit auf 1:50 (siehe auch Abb. 16). Vor allem wegen dieses Altersfaktors wird Frauen im Alter über 35 Jahren empfohlen, eine pränatale Chromosomendiagnostik durchführen zu lassen. Sie kann auf verschiedene Weise erfolgen (siehe Abb. 19).

4. Beispiele für strukturelle Chromosomenaberrationen

Strukturelle Aberrationen der Chromosomen entstehen in der Regel auf der Basis von Bruchereignissen. Die meisten Chromosomenbrüche werden von der Zelle allerdings wieder repariert. Die wichtigsten Typen von Strukturveränderungen sind auf S. 56 ff. beschrieben. Prinzipiell kann jedes Chromosom von einer strukturellen Aberration betroffen werden. Unter 1000 Neugeborenen findet sich ungefähr ein Fall mit struktureller Chromosomenaberration, wobei die meisten allerdings balanciert sind und deswegen keine klinischen Symptome verursachen. Einige unbalancierte Strukturaberrationen weisen recht typische Krankheitsbilder auf.

Man unterscheidet:
- *Partielle Monosomien*, bei denen ein Teil eines Chromosoms fehlt.
- *Partielle Trisomien*, bei denen ein Teil eines Chromosoms zuviel vorhanden ist.
- *Mikrodeletionssyndrome*, die auf sehr kleinen Deletionen von Chromosomenmaterial beruhen. Die Verluste sind meist so gering, daß man sie nur mit speziellen cytogenetischen oder molekularbiologischen Methoden nachweisen kann.
- *Chromosomenbruchsyndrome*, bei denen neben vielen anderen Symptomen auch eine erhöhte Chromosomenbrüchigkeit beobachtet wird. Ursache dafür ist in den meisten Fällen ein Defekt in den DNA-Reparaturmechanismen. Bei den meisten dieser Erkrankungen liegt auch ein erhöhtes Tumorrisiko vor.

5. Chromosomenaberrationen und Tumorentstehung

Schon Ende des 19. Jahrhunderts wurde durch den deutschen Zoologen Theodor von Boveri die Theorie aufgestellt, daß Chromosomenanomalien für die Entstehung von Tumoren verantwortlich sind. Aber erst 1963 konnte bei einem speziellen humanen Leukämietyp ein solcher Zusammenhang wirklich nachgewiesen werden. Damals wurde das sogenannte *Philadelphia-Chromosom* entdeckt, das bei der chronisch myeloischen Leukämie in über 90 % der Fälle auftritt. Beim Philadelphia-Chromosom (sein Name weist darauf hin, daß es in einem Labor in Philadelphia entdeckt wurde) handelt es sich um ein verkürztes Chromosom 22. Erst etliche Jahre später wurde festgestellt, daß das am Chromosom 22 fehlende Stück in der Regel auf ein Chromosom 9 transloziert ist und gleichzeitig auch ein sehr kleines Stück des Chromosoms 9 auf das Chromosom 22 verlagert wird. Man spricht in solchen Fällen von einer *reziproken Translokation* (siehe auch Abb. 13).

Inzwischen wurden bei vielen Leukämien und anderen Tumoren Translokationen und Deletionen entdeckt. Bei den Translokationen kommt es nicht selten zu einer Verlagerung von wachstumsfördernden Genen, sogenannten *Proto-Onkogenen*. Diese Gene werden dadurch in ihrer Funktion verändert oder zur falschen Zeit aktiviert und können so zur Tumorentstehung beitragen. Inzwischen kennt man über 20 Proto-Onkogene, die im Normalzustand wichtige Zellfunktionen steuern oder die Embryonalentwicklung beeinflussen (siehe auch S. 45 ff.).

Bei chromosomalen Deletionen besteht oft ein Zusammenhang zur Tumorentstehung, indem wachstumshemmende Gene verlorengehen. Dadurch kann das Zellwachstum außer Kontrolle geraten und ein Tumor entstehen. Man nennt solche Gene *Tumorsuppressorgene.*

Oft führt aber nicht ein Ereignis allein zu einer bösartigen Geschwulst, sondern erst durch die Kombination mehrerer Störungen entsteht ein Tumor.

XI. Monogene Erbkrankheiten
des Menschen

1. Die Einteilung der monogenen Erbkrankheiten

Bei monogenen Erbkrankheiten hängt die Ausprägung der
Krankheitsmerkmale weitgehend von einem Gen ab. Wie alle
anderen Eukaryonten besitzt auch der Mensch von jedem Gen
eines väterlicher und eines mütterlicher Herkunft (= Allele;
siehe auch S. 16). Da es dominante und rezessive Allele gibt,
werden die monogenen Erbkrankheiten in dominant und rezessiv erbliche Leiden unterteilt.

Außerdem unterscheidet man noch X-chromosomale und
autosomale Erbleiden, wobei „*X-chromosomal*" bedeutet, daß
das verantwortliche Gen auf dem X-Chromosom sitzt, während der Begriff „*autosomal*" für alle anderen Chromosomen
außer den Geschlechtschromosomen verwendet wird. Diese
Unterscheidung ist bedeutsam, weil bei der Vererbung autosomaler Krankheiten das Geschlecht der Genträger keine
Rolle spielt, während es für X-chromosomale Erbleiden sehr
wichtig ist (siehe auch S. 22). Insgesamt kann man also 4 große Gruppen von monogenen Erbkrankheiten unterscheiden:
– autosomal-dominante Erbleiden
– autosomal-rezessive Erbleiden
– X-chromosomal-dominante Erbleiden
– X-chromosomal-rezessive Erbleiden

2. Autosomal-dominante Erbleiden

Der autosomal-dominante Erbgang
Bei diesem Vererbungstyp reicht, wie schon auf S. 16 bespro-
chen, das Vorhandensein einer Mutation auf einem der beiden
Allele eines Gens aus, um das Vollbild der Krankheit auszulö-
sen. Dieser als heterozygot bezeichnete Zustand ist bei autosomal-dominanten Erbleiden sogar die Regel, weil das homozygote Vorkommen der Mutation oft so schwere Störungen
verursacht, daß das betroffene Individuum nicht lebensfähig

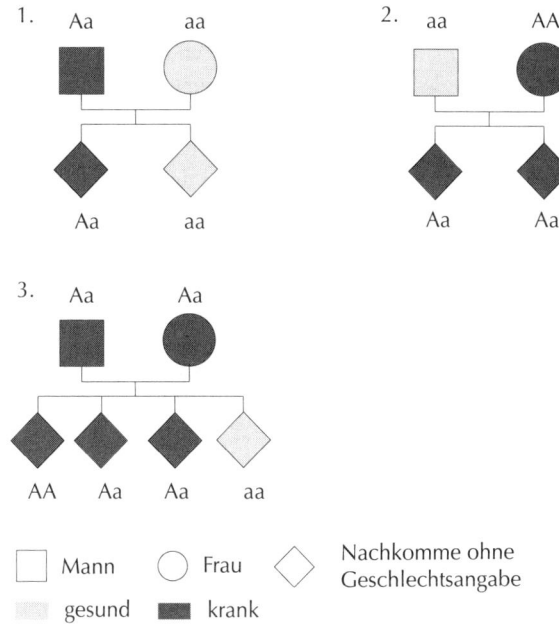

Abb. 20: Typische Familienstammbäume bei Vorliegen einer autosomal-dominanten Erbkrankheit. A = dominantes (krankmachendes) Allel, a = rezessives (gesundes) Allel. 1. Ein heterozygot Kranker und eine homozygot Gesunde werden zur Hälfte heterozygot kranke und homozygot gesunde Kinder haben. – 2. Eine homozygot Kranke und ein homozygot Gesunder werden nur heterozygot kranke Kinder haben. – 3. Zwei heterozygot Kranke werden zu drei Vierteln kranke und zu einem Viertel gesunde Kinder·haben. Von den kranken Kindern werden ein Drittel homozygot und zwei Drittel heterozygot krank sein.

ist oder seine Fortpflanzungsfähigkeit stark eingeschränkt wird. Da jeder Genträger auch als Kranker in Erscheinung tritt, kommt es selten vor, daß zwei Betroffene heiraten und Kinder bekommen. Auch das führt dazu, daß Homozygotie selten auftritt. Wenn ein heterozygot Kranker mit einem gesunden Partner Kinder hat, so ist nach den Mendelschen Regeln zu erwarten, daß 50% der Nachkommen wieder erkranken (siehe auch Abb. 20).

Dieser Prozentsatz wird allerdings bei vielen autosomal-dominanten Erbleiden nicht erreicht. Man spricht in diesem Fall von *verminderter Penetranz* und meint damit, daß andere, meist unbekannte Faktoren das Auftreten der Krankheit bei einem Teil der Genträger verhindern. Auch der Schweregrad der Krankheit kann bei autosomal-dominanten Erbleiden recht unterschiedlich sein. Dieses Phänomen wird als *variable Expressivität* bezeichnet. Die Ursachen dafür sind ebensowenig bekannt wie bei der verminderten Penetranz.

Bis heute sind etwa 2000 Krankheiten bekannt, die autosomal-dominant vererbt werden. Sie sind fast alle sehr selten (unter 1 auf 10000). Wegen der großen Gesamtzahl dieser Erbleiden muß man aber mit etwa 7 Krankheitsfällen auf 1000 Personen rechnen.

Familiäre Hypercholesterinämie und Hyperlipidämie
Diese beiden Störungen des Blutfettgehaltes sind in unserer Region die mit Abstand häufigsten autosomal-dominanten Erbkrankheiten. Aufgrund von Gendefekten tritt eine starke Vermehrung des Cholesterins und/oder anderer fettähnlicher Substanzen im Blut auf. Die Folge ist eine früh entstehende *Arteriosklerose*, die unter anderem schon im jungen Erwachsenenalter zu Bluthochdruck und zu einem hohen *Infarktrisiko* führt. Die beiden Erbkrankheiten kommen jeweils mit einer Häufigkeit von ca. 1 : 500 vor. Wegen der hohen Genfrequenz in der Bevölkerung kommen bei diesen Erkrankungen auch homozygote Genträger vor. Sie sterben allerdings oft schon im Kindesalter an Herzinfarkten.

Achondroplasie
Diese Erkrankung ist ein Beispiel für eine ganze Reihe von Störungen des Skelettsystems, die autosomal-dominant vererbt werden. Die Achondroplasie führt infolge einer Wachstumshemmung vor allem der langen Röhrenknochen zu einem dysproportionierten Zwergwuchs. Bei dieser Krankheit ist auffällig, daß eine hohe Neumutationsrate besteht, die mit dem Alter des Vaters stark zunimmt (siehe Abb. 15). Insgesamt ist die Achondroplasie aber mit 1 : 30000 recht selten.

Chorea Huntington

Die Chorea ist ein wichtiges Beispiel einer autosomal-dominanten Erkrankung des Nervensystems. Das im Deutschen früher als „erblicher Veitstanz" bezeichnete Leiden ist besonders tückisch, weil es erst in einem Alter von 40–50 Jahren klinisch erkennbar wird. Zunächst treten nur unkoordinierte Bewegungen und leichtere psychische Störungen auf. Aufgrund der voranschreitenden Gehirnveränderungen kommt es innerhalb weniger Jahre zum Verlust der motorischen Kontrolle und der intellektuellen Fähigkeiten. Wegen des späten Auftretens der Krankheitssymptome (*Spätmanifestation*) haben sich die Genträger oft bereits fortgepflanzt, bevor sie als Betroffene erkannt werden.

Die relativ starken Schwankungen in der Ausprägung der Krankheitsmerkmale beruhen vermutlich auf instabilen Trinukleotidvervielfachungen (Näheres dazu siehe S. 26). Die Häufigkeit der Erkrankung in der Bevölkerung wird mit 1 : 5 000 angegeben.

Tumorerkrankungen

Es gibt auch einige Tumorerkrankungen, die auf einem autosomal-dominanten Gendefekt beruhen. Die *Neurofibromatose Typ 1 (Recklinghausensche Krankheit)* kommt mit einer Häufigkeit von 1 : 5 000 vor. Bereits im Kindesalter treten braune Pigmentflecken auf der Haut auf. Im Jugendalter entwickeln sich dann Tumoren im peripheren und zentralen Nervensystem, die zunächst gutartig sind, aber auch maligne entarten können.

Auch bei der *Polyposis coli* (Häufigkeit 1 : 10 000), die durch das Auftreten zahlreicher Dickdarmpolypen gekennzeichnet ist, sind die Schleimhautwucherungen zunächst gutartig. Es besteht aber eine sehr große Gefahr, daß sich daraus Dickdarmkrebs entwickelt. Bei Heterozygoten muß man etwa ab dem 25. Lebensjahr mit maligner Entartung rechnen, bei Homozygoten tritt der Krebs schon im ersten Lebensjahrzehnt auf.

3. Autosomal-rezessive Erbleiden

Der autosomal-rezessive Erbgang

Ein autosomal-rezessiver Erbgang liegt vor, wenn die Erbkrankheit sich nur beim Vorhandensein eines homozygoten Gendefekts ausprägt, d. h., beide Allele müssen in gleicher Weise mutiert sein. Ist nur ein Allel defekt, so sorgt das normale Allel dafür, daß der heterozygote Genträger gesund bleibt. Aufgrund dieser Gegebenheiten haben die von einem autosomal-rezessiven Erbleiden Betroffenen meist zwei gesunde Eltern, die heterozygote Genträger sind, aber davon in der Regel erst durch die Geburt eines kranken Kindes erfahren. Das Risiko für kranke Kinder liegt nach dem 2. Mendelschen Gesetz für heterozygote Eltern bei 25 %. Weitere 50 % der Kinder werden wieder heterozygote Genträger sein, und nur 25 % sind genotypisch und phänotypisch unauffällig (siehe Abb. 21).

Zur Zeit sind ca. 1000 autosomal-rezessive Erbleiden bekannt, aber es werden noch laufend neue entdeckt. Die meisten sind selten (die Häufigkeit liegt in der Regel unter 1:10 000). Die Gesamtheit rezessiver Erbleiden summiert sich in Europa auf ca. 2 Fälle pro 1000 Neugeborene. Sehr viele dieser Krankheiten beruhen auf Stoffwechselstörungen infolge von *Enzymdefekten*. Bei heterozygoten Genträgern kann man oft feststellen, daß sie nur über ca. 50 % der normalen Enzymaktivität verfügen, die aber in der Regel genügt, um einen normalen Stoffwechsel aufrechtzuerhalten.

Autosomal-rezessive Erbkrankheiten sind kaum durch die Analyse des Familienstammbaums zu erfassen, weil nur selten weitere Krankheitsfälle auftreten. Bei Verwandtenehen erhöht sich allerdings das Risiko für die Geburt von kranken Kindern deutlich. Das beruht auf der erhöhten Wahrscheinlichkeit, daß beide Eltern das defekte Gen von ihren gemeinsamen Vorfahren geerbt haben. Die Tatsache, daß *Blutsverwandtschaft* zu einem erhöhten Risiko für autosomal-rezessive Erbkrankheiten führt, spielt aber nicht nur auf Familienebene, sondern auch in größeren Populationen eine wichtige Rolle (siehe auch S. 52 f.).

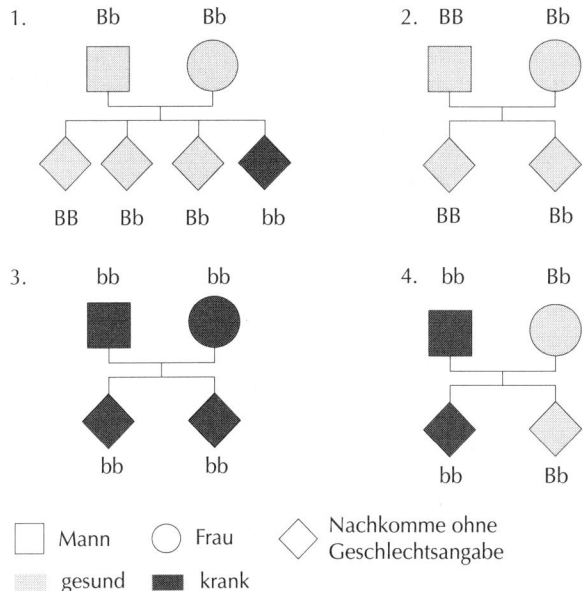

Abb. 21: Typische Familienstammbäume bei Vorliegen einer autosomal-rezessiven Erbkrankheit. B = dominantes (gesundes) Allel, b = rezessives (krankmachendes) Allel. 1. Zwei heterozygot Gesunde werden zu drei Vierteln gesunde und zu einem Viertel kranke Kinder haben. Von den gesunden Kindern werden zwei Drittel heterozygot und ein Drittel homozygot gesund sein. – 2. Ein homozygot Gesunder und eine heterozygot Gesunde werden nur gesunde Kinder haben. Jeweils die Hälfte der Kinder wird homozygot bzw. heterozygot gesund sein. – 3. Zwei homozygot Kranke werden nur homozygot kranke Kinder haben. – 4. Ein homozygot Kranker wird mit einer heterozygot Gesunden je zur Hälfte kranke und gesunde Kinder haben.

Mukoviscidose (Cystische Fibrose)

In der mitteleuropäischen Bevölkerung ist die Mukoviscidose mit Abstand die häufigste autosomal-rezessive Erbkrankheit. Sie betrifft etwa jedes 2 000. Neugeborene und verursacht schwere Gedeihstörungen. Der Gendefekt verursacht im homozygoten Zustand eine erhöhte Viskosität der schleimhaltigen Sekrete in verschiedenen Drüsen. Dadurch werden zahlreiche Krankheitssymptome ausgelöst wie z. B. *Atemstörungen* durch Schleimansammlung in den Bronchien oder *Verdauungsstörungen* durch Verstopfung des Darmes. Auch die Funktionen der Leber und der Bauchspeicheldrüse sind beeinträchtigt.

Das verantwortliche CFTR-Gen ist seit einigen Jahren bekannt und konnte auf dem Chromosom 7 lokalisiert werden. Durch Mutationen auf beiden Allelen dieses Gens wird eine Störung des zellulären Chlorid-Transportes verursacht, die zur Veränderung verschiedener Drüsensekrete führt. In Mitteleuropa ist etwa jede zwanzigste Person heterozygoter Träger einer Mutation des CFTR-Gens.

Phenylketonurie

Diese Erkrankung wird im Deutschen auch als *Brenztraubensäure-Schwachsinn* bezeichnet. Sie betrifft etwa jedes 10 000 Neugeborene. Der zugrundeliegende Defekt des PKU-Gens führt vor allem zu einer Anhäufung von Phenylalanin im Gehirn.

Da man die Ausprägung der Krankheitserscheinungen durch frühzeitige Ernährungsumstellung weitgehend verhindern kann, werden heute bei uns alle Neugeborenen auf diesen Gendefekt hin untersucht (siehe auch S. 53).

Rezessiv-erbliche Taubheit

Gehörlosigkeit wird mit einer Häufigkeit von 1 : 5 000 autosomal-rezessiv vererbt. Ehen, in denen beide Partner taub sind, gibt es recht häufig. In dieser Situation müßte man bei rezessiver Vererbung erwarten, daß alle Kinder wieder taub sind. Solche Familien sind auch beobachtet worden, in anderen Fällen waren aber alle Kinder gesund. Dieser zunächst verblüffende Unterschied läßt sich dadurch erklären, daß es verschiedene Taubheitsgene gibt. Nur wenn beide Eltern die gleichen Taubheitsgene in homozygoter Form besitzen, werden alle Kinder gehörlos sein. Leiden die Eltern aber an verschiedenen Taubheitsformen, so erben die Kinder zwar von jedem Elternteil ein Taubheitsgen, aber sie werden nicht gehörlos, weil sie jedes dieser Gene nur in einfacher Ausfertigung besitzen und die gesunden Gene für die Ausbildung eines normalen Gehörs sorgen.

4. X-chromosomal-rezessive Erbleiden

Besonderheiten der X-chromosomalen Vererbung
Wie bereits auf S. 22 f. erläutert, finden sich bei der X-chromosomalen Vererbung geschlechtsspezifische Besonderheiten, weil Frauen zwei X-Chromosomen haben, während Männer statt des zweiten X-Chromosoms ein Y-Chromosom aufweisen. Auf dem X-Chromosom lokalisierte Gene liegen deshalb beim Mann nur in einfacher (*hemizygoter*) Ausfertigung vor. Das führt dazu, daß eine rezessive Mutation sich beim Mann phänotypisch ausprägt, während sie bei der Frau durch das dominante Normalallel auf dem zweiten X-Chromosom unterdrückt wird. Solche heterozygot gesunden Frauen werden *Konduktorinnen* genannt, weil sie das krankmachende Gen auf ihre Söhne übertragen können. Ein Mann vererbt dagegen an seine Söhne immer nur sein Y-Chromosom und an seine Töchter sein X-Chromosom. Dementsprechend kann ein Knabe eine X-chromosomale Krankheit niemals von seinem Vater erben. Aus diesen Gegebenheiten lassen sich die in Abb. 22 dargestellten Vererbungsmöglichkeiten ableiten.

Bei der Betrachtung aller möglichen Vererbungskonstellationen zeigt sich, daß bei X-chromosomalen-rezessiven Erbleiden überwiegend Männer phänotypisch betroffen sind, während die Frauen häufiger als gesunde, aber heterozygote Konduktorinnen das Gen weitergeben.

Die Gesamthäufigkeit aller bisher bekannten ca. 200 X-chromosomal-rezessiven Erbleiden wird auf etwa 2 pro 1 000 männliche Lebendgeborene geschätzt.

X-chromosomale Muskeldystrophien
Die *Muskeldystrophie Typ Duchenne* ist mit einem Fall auf 3 000 männliche Neugeborene bei uns die häufigste X-chromosomal-rezessiv vererbte Krankheit. Das schon im Kindes-

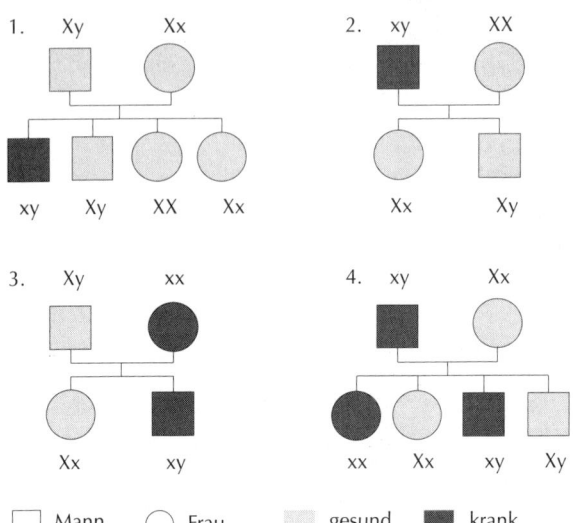

Abb. 22: Typische Familienstammbäume bei Vorliegen einer X-chromosomal-rezessiven Erbkrankheit. X = X-Chromosom mit dominantem (gesundem) Allel, x = X-Chromosom mit rezessivem (krankmachendem) Allel, y = Y-Chromosom. – 1. Ein hemizygot gesunder Mann wird mit einer heterozygot gesunden Frau nur gesunde Töchter haben; die Söhne werden jeweils zur Hälfte gesund bzw. krank sein. – 2. Ein hemizygot kranker Mann wird mit einer homozygot gesunden Frau nur gesunde Töchter und Söhne haben. Die Töchter werden alle heterozygote Konduktorinnen sein. – 3. Ein hemizygot gesunder Mann wird mit einer homozygot kranken Frau nur gesunde (aber heterozygote) Töchter und nur kranke Söhne haben. – 4. Ein hemizygot kranker Mann und eine heterozygot gesunde Frau werden je zur Hälfte gesunde und kranke Töchter und Söhne haben.

alter auftretende Leiden beruht auf einer Mutation des *Dystrophin-Gens*, wodurch ein für den Muskelaufbau wichtiges Protein nicht gebildet werden kann. Die an den Beinen beginnende Muskelschwäche verstärkt sich im Laufe der Zeit und steigt langsam aufwärts, so daß die Kinder mit etwa 10 Jahren auf den Rollstuhl angewiesen sind. Durch fortschreitende Lähmung, auch der Atemmuskulatur, versterben die Patienten im Alter von ca. 20 Jahren.

Es gibt noch einige andere erbliche Formen von Muskeldystrophie.

X-chromosomale Hämophilie

Eine weitere nicht selten auftretende X-chromosomal-rezessive Erkrankung ist die Hämophilie, die im Deutschen als *Bluterkrankheit* bezeichnet wird. Sie betrifft etwa jedes 10 000. männliche Neugeborene. Die Gerinnungsstörung des Blutes führt schon bei kleinen Verletzungen zu gefährlichen Blutungen, insbesondere in den Gelenken. Die Hämophilie ist therapierbar, da man die fehlenden Gerinnungsfaktoren zuführen kann (siehe auch S. 92).

Störungen des Farbensehens

Die häufigste X-chromosomal vererbte Störung, der man aber keinen echten Krankheitswert beimessen kann, ist die *Farbenblindheit*. Sie kommt bei ca. 5 % aller Männer vor. Die Bezeichnung „Farbenblindheit" ist eigentlich falsch, weil die Betroffenen in der Regel nur eine Störung im Erkennen der roten und/oder grünen Farbe haben. Man spricht daher besser von einer *Rot-Grün-Schwäche*. Verantwortlich für das Rot-Grün-Sehen sind zwei eng benachbarte Gene mit jeweils mindestens drei Allelen.

Geistige Retardierung

Auch bei der Vererbung geistiger Minderbegabung scheint die X-chromosomal-rezessive Vererbung eine wichtige Rolle zu spielen. Ein Hinweis darauf ergibt sich aus der Beobachtung, daß unter geistig Retardierten deutlich mehr Männer als Frauen zu finden sind. Allerdings ist dafür nicht die Mutation eines einzigen Gens verantwortlich, sondern es gibt eine Vielzahl von X-chromosomalen Genen, die die Intelligenzentwicklung beeinflussen. Man muß damit rechnen, daß etwa 2 von 1 000 Knaben eine X-chromosomal vererbte geistige Retardierung aufweisen (siehe auch S. 26).

5. X-chromosomal-dominante Erbleiden

Im Gegensatz zu den X-chromosomal-rezessiven Leiden treten die X-chromosomal-dominanten Erbkrankheiten häufiger bei Frauen auf. Das beruht vor allem darauf, daß männliche Genträger oft so schwer erkranken, daß sie früh sterben. Falls betroffene Männer überleben und fortpflanzungsfähig sind, werden alle ihre Söhne gesund bleiben, weil sie vom Vater kein X-Chromosom erben.

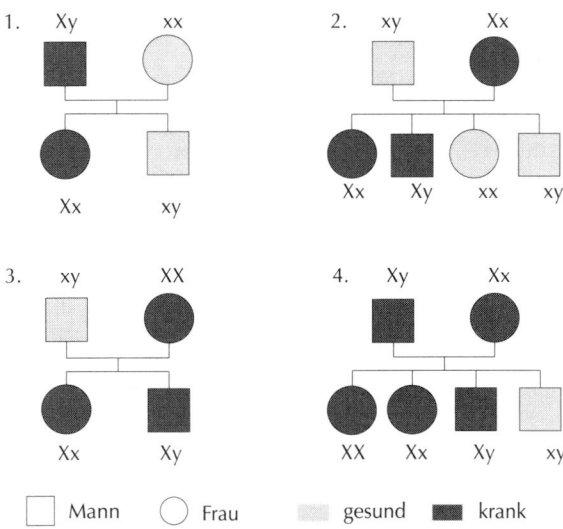

Abb. 23: Typische Familienstammbäume bei Vorliegen einer X-chromo-somal-dominanten Erbkrankheit. X = X-Chromosom mit dominantem (krankmachendem) Allel, x = X-Chromosom mit rezessivem (gesundem) Allel, y = Y-Chromosom. – 1. Ein hemizygot kranker Mann wird mit einer homozygot gesunden Frau nur heterozygot kranke Töchter und nur hemizygot gesunde Söhne haben. – 2. Ein hemizygot gesunder Mann wird mit einer heterozygot kranken Frau je zur Hälfte gesunde bzw. kranke Töchter und Söhne haben. – 3. Ein hemizygot gesunder Mann wird mit einer homozygot kranken Frau nur kranke Töchter und Söhne haben. – 4. Ein hemizygot kranker Mann und eine heterozygot kranke Frau werden nur kranke Töchter haben. Die Söhne werden je zur Hälfte krank bzw. gesund sein.

Die Töchter werden aber alle erkranken, denn sie erben immer das X-Chromosom des Vaters (siehe Abb. 23). Es gibt nicht viele X-chromosomal-dominante Erkrankungen. Die bekannteste ist die erbliche Form der *Vitamin-D-resistenten Rachitis*. Die Mutation führt zu einer Nierenfunktionsstörung, so daß nicht ausreichend Phosphat rückresorbiert wird. Der so entstehende Phosphatmangel verursacht Störungen der Knochenbildung und ist nicht mit Vitamin D behandelbar.

XII. Erbkrankheiten,
die durch mehrere Gene verursacht werden

Manche Erbkrankheiten entstehen dadurch, daß mehrere Gene nicht richtig funktionieren. Man spricht dann von polygener Vererbung. Von multifaktorieller Vererbung wird gesprochen, wenn neben genetischen Faktoren noch andere Einflüsse nachweisbar sind (siehe auch S. 21 f.). Bei polygenen bzw. multifaktoriell bedingten Krankheiten lassen sich die Mendelschen Regeln nicht anwenden, und dementsprechend geben einzelne Familienstammbäume auch keinen Aufschluß über die Vererbungswahrscheinlichkeiten (siehe Abb. 24). Für die Erfassung des Wiederholungsrisikos ist man deshalb auf statistische Populationsanalysen angewiesen (siehe Tabelle 1).

Um abzuschätzen, wie stark genetische Faktoren im Vergleich zu Umweltfaktoren an der Entstehung einer Krankheit beteiligt sind, bedient man sich des Vergleichs von *Zwillingen*. Eine besondere Rolle spielen eineiige Zwillinge (EZ), weil sie aus einer befruchteten Eizelle entstanden sind und daher als genetisch identisch betrachtet werden können. Man vergleicht eineiige Zwillinge, die gemeinsam aufgewachsen sind, mit solchen, die kurz nach der Geburt getrennt wurden. Wenn die gemeinsam aufgewachsenen Zwillinge deutlich häufiger an der gleichen Krankheit leiden als die getrennt aufgewachsenen, so spricht das für einen starken Einfluß nicht-genetischer Faktoren. Umgekehrt weist eine hohe Übereinstimmung zwischen getrennt aufgewachsenen Zwillingen auf eine starke genetische Komponente hin. Ähnliche Vergleiche werden auch zwischen eineiigen und zweieiigen Zwillingen durchgeführt.

Polygen bzw. multifaktoriell bedingte Krankheiten kommen in der Bevölkerung deutlich häufiger vor als monogene Erbleiden. Beispielsweise tritt *Diabetes mellitus (Zuckerkrankheit)* bei etwa 2% der Bevölkerung auf. Ähnlich hohe Zahlen finden sich bei leichter geistiger Behinderung *(Debilität)* und psychischen Erkrankungen wie z. B. depressiven *Psychosen*.

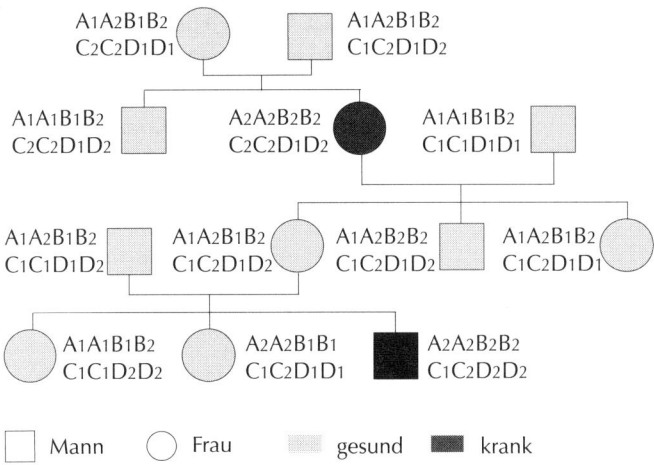

| | Mann | ◯ | Frau | ▨ | gesund | ▪ | krank |

Abb. 24: Hypothetischer Stammbaum für additiv-polygene Vererbung mit Schwellenwerteffekt. (Das Krankheitsbild kommt erst zur Ausprägung, wenn die Schwelle von mindestens sieben krankmachenden Allelen erreicht wird.) A_1, B_1, C_1, D_1 = normale Allele, A_2, B_2, C_2, D_2 = krankhafte Allele.

Einige *multifaktorielle Fehlbildungen* wie Lippen-Kiefer-Gaumenspalte, Herzfehler, Klumpfuß, angeborene Hüftluxation u.a. haben eine Häufigkeit von 1:300 bis 1:1000. Hinsichtlich des Wiederholungsrisikos bei Kindern kann man allgemein sagen, daß es um so höher ist, je mehr Familienmitglieder betroffen sind. Die empirischen Risikoziffern für einige wichtige Erkrankungen und Fehlbildungen sind in Tab. 1 zusammengefaßt. Insgesamt schätzt man, daß mindestens 10% der Bevölkerung im Laufe des Lebens an einem multifaktoriellen Erbleiden erkranken.

Für multifaktoriell bedingte Krankheiten ist oft auch typisch, daß sie sich nicht eindeutig vom Normalzustand abgrenzen lassen. So kann man beispielsweise die Grenze zwischen normalem und zu hohem Blutdruck (*Hypertonus*) recht unterschiedlich ziehen. Früher wurde als Faustregel angegeben, daß das Lebensalter plus 100 den oberen Wert für einen normalen systolischen Blutdruck ergibt. Heute zieht man die Grenze bei 160 mm Hg, auch wenn der Betroffene über 60 Jahre alt ist.

Tab. 1: Empirische Wiederholungsrisiken für einige multifaktorielle Fehlbildungen und Krankheiten.

Art der Fehlbildung bzw. Krankheit	Familien- situation	Risiko (%)	Häufigkeit in der Bevölkerung (%)
Lippen-Kiefer- Gaumen-Spalte	a oder b	3	ca. 0,2
	c	9	m > w
	d	11	
Spina bifida (offener Rücken)	a oder b	4	
	c	10	ca. 0,1
	d	12	
Diabetes mellitus Typ 1 (Zuckerkrankheit)	a oder b	5	ca. 0,2
Diabetes mellitus Typ 2 (Zuckerkrankheit)	a oder b	10	ca. 2
Schizophrenie	a	9	ca. 1
	b	13	
	d	15	
depressive Psychose	a oder b	15	ca. 1

a = ein erkranktes Kind (beide Eltern gesund)
b = ein erkrankter Elternteil
c = zwei erkrankte Kinder (beide Eltern gesund)
d = ein Kind und ein Elternteil krank
m = männlich
w = weiblich

Empirische Risikoangaben kann man dadurch gewinnen, daß man größere Serien von Familien analysiert, in denen die entsprechende Erkrankung aufgetreten ist. Dabei wird für jeden Verwandtschaftsgrad einzeln die Erkrankungswahrscheinlichkeit in Prozent errechnet. Bei Krankheiten, die erst im späteren Lebensalter in Erscheinung treten, müssen rechnerische Alterskorrekturen vorgenommen werden.

XIII. Gentechnik und Gentherapie

1. Die Entstehung der Gentechnik

Der Ausdruck „Gentechnik" ist kein eindeutig definierter Begriff. Unter dieser Bezeichnung werden verschiedene Techniken zusammengefaßt, mit denen die DNA untersucht und verändert werden kann, wobei die Übertragung auf andere Organismen eine besondere Rolle spielt. Die Entwicklung der Gentechnik begann Ende der sechziger Jahre mit der Entdeckung der *Restriktionsendonukleasen*. Diese Enzyme erkennen bestimmte kurze Basenfolgen in der DNA und zerschneiden sie immer an den Stellen, wo diese Basensequenz auftaucht. Inzwischen kennt man über 150 solcher Restriktionsenzyme, so daß es möglich ist, DNA in viele spezifische Bruchstücke zu zerlegen. Mit Hilfe anderer Enzyme, den sogenannten *Ligasen,* lassen sich solche Bruchstücke auch wieder zusammenfügen. Unterschiedlich große DNA-Stücke kann man auch in sogenannte *Vektoren* (z.B. Plasmide, Viren) einbauen. Das dient einerseits der Vermehrung *(Klonierung)*, aber auch der gezielten Einschleusung von Genen mit verändertem Informationsgehalt in das Genom anderer Organismen.

Eine wichtige Voraussetzung für gentechnisches Arbeiten ist die Bestimmung der Basensequenz in der DNA. Die Methoden hierfür wurden zu Beginn der siebziger Jahre entwickelt. Inzwischen wurde das Verfahren weitgehend automatisiert. In den achtziger Jahren gelang schließlich ein weiterer Schritt auf dem Weg zur effizienten Anwendung der Gentechnik: Es wurde möglich, im Labor DNA-Stücke aus den Einzelbestandteilen gezielt zusammenzufügen, so daß vorgeplante Basensequenzen entstehen. Erst vor wenigen Jahren wurde ein Verfahren entwickelt, mit dem man spezifische DNA-Stücke, die zunächst nur in sehr kleiner Zahl vorliegen, fast beliebig vervielfältigen kann. Diese Methode bezeichnet man als *Polymerase-Ketten-Reaktion* (engl. Abkürzung *PCR*).

Durch die Kombination dieser Methoden wurden in vielen Bereichen der Tier- und Pflanzenzucht, aber auch bei der Herstellung von Medikamenten und nicht zuletzt in der Diagnostik und Therapie genetischer Krankheiten sehr große Fortschritte erzielt.

2. Gesetzliche Regelungen der Gentechnik

Dem deutschen Gesetzgeber erschienen zunächst vor allem die Sicherheitsfragen der Gentechnik so wichtig, daß 1990 für diesen Bereich das Gentechnikgesetz erlassen wurde. Wegen ethischer Fragen, die insbesondere im Zusammenhang mit der Anwendung der Gentechnik auf menschliche Embryonen auftreten, wurde 1991 das Embryonenschutzgesetz in Kraft gesetzt.

Das Problem der Patentierung gentechnisch veränderter Organismen wurde bisher nicht gesetzlich geregelt, aber es liegen zu diesen Fragen wichtige Entscheidungen der Patentbehörden vor.

Das Gentechnikgesetz
Bereits 1976 wurden in den USA auf Betreiben besorgter Wissenschaftler Richtlinien für das Arbeiten mit rekombinanter DNA erarbeitet. Diese Regelungen fanden ab 1978 in etwas veränderter Form auch in Deutschland zunehmend Anwendung, hatten aber zunächst noch keine Gesetzeskraft.

Parallel dazu wurde zur Beurteilung von gentechnischen Experimenten in Berlin beim Bundesgesundheitsamt die *Zentrale Kommission für biologische Sicherheit* eingerichtet. Im Gentechnikgesetz von 1990 wurden dann sehr strenge und aufwendige Sicherheitsmaßnahmen für gentechnische Arbeiten festgeschrieben. Es stellte sich allerdings bald heraus, daß das Gesetz die gentechnische Forschung und Entwicklung z.T. erheblich erschwerte, ohne daß damit ein wesentlicher Gewinn an Sicherheit erzielt wurde. Deshalb wurde das Gesetz 1996 novelliert, um wenigstens einige bürokratische Hürden zu beseitigen.

Nach dem Gentechnikgesetz werden alle Arbeiten mit rekombinanter DNA in vier Sicherheitsstufen eingeteilt. Dementsprechend unterschiedlich müssen die Labors mit Sicher-

heitsvorkehrungen ausgerüstet sein. Zur Zeit fallen etwa 80%
aller Anmelde- bzw. Genehmigungsverfahren in die Sicher-
heitsstufe 1. Bei diesen Arbeiten dürfen laut Gesetz keine Risiken für die menschliche Gesundheit und die Umwelt vorliegen. Ungefähr 17% der gentechnischen Arbeiten sind der
Stufe 2 (geringes Risiko) und nur ca. 3% den Stufen 3 und 4
(mäßiges bzw. hohes Risiko) zuzurechnen.

Neben den Sicherheitseinrichtungen in den Labors sorgen
vor allem systemimmanente Vorkehrungen dafür, daß das Risiko bei gentechnischen Versuchen minimiert wird. Beispielsweise darf genetisches Material ausschließlich in Bakterien-
stämme eingebaut werden, die nur unter besonderen Labor-
bedingungen vermehrungsfähig sind. In der freien Umwelt
sterben sie sofort ab. Für Freisetzungsversuche gelten besonders strenge Vorschriften. Aufgrund der sehr umfangreichen
Sicherheitsmaßnahmen ist es bisher bei gentechnischen Arbeiten noch zu keinem wirklich gefährlichen Zwischenfall gekommen. Das heißt aber natürlich nicht, daß das für alle Zukunft ausgeschlossen werden kann.

Das Embryonenschutzgesetz
Das Embryonenschutzgesetz von 1991 regelt den Einsatz neuer Techniken im Rahmen der menschlichen Fortpflanzung. Insofern betrifft es nicht vorrangig gentechnische Verfahren,
sondern vor allem die Anwendung von Methoden der Befruchtung außerhalb des Körpers, die sog. *In-vitro-Fertilisation*
(IVF). Da diese Befruchtungstechniken aber sehr leicht mit
gentechnischen Methoden kombiniert werden können, besteht
doch ein starker innerer Zusammenhang zur Gentechnik.

Im Embryonenschutzgesetz werden grundsätzlich alle
wissenschaftlichen Versuche an befruchteten Eizellen und
menschlichen Embryonen verboten. Außerdem dürfen Eizellen
nur künstlich befruchtet werden, um eine Schwangerschaft
herbeizuführen. Auch eine Geschlechtswahl ist nicht gestattet.
Gentechnische Versuche mit menschlichen Keimzellen sind
nur erlaubt, wenn sichergestellt ist, daß mit ihnen keine Befruchtung durchgeführt wird.

Mit diesen sehr weitgehenden Vorschriften soll verhindert werden, daß gezielt Einfluß auf das menschliche Erbgut genommen wird. Sie behindern allerdings auch diagnostische und therapeutische Entwicklungen (siehe auch S. 101 ff.). Deshalb haben andere Länder (z. B. England, Italien) wesentlich weniger restriktive Bestimmungen erlassen.

Patente in der Gentechnik

Für die Anmeldung eines Patentes müssen grundsätzlich drei Kriterien erfüllt sein: Die Erfindung muß neu sein, aus erfinderischer Tätigkeit hervorgegangen sein und einen gewerblichen Nutzen erkennen lassen. Außerdem dürfen patentierte Erfindungen nicht gegen die guten Sitten verstoßen oder die öffentliche Ordnung gefährden.

An diesen Regeln werden auch gentechnische Erfindungen gemessen. Für bestimmte Bereiche ist die Patentierung relativ unproblematisch und wurde schon in vielen Fällen durchgeführt. Beispielsweise ist ein Verfahren zur gentechnischen Herstellung eines Medikaments zweifellos patentierbar. Problematischer ist schon die Patentierung gentechnisch veränderter Pflanzen und Tiere. Allerdings wurden auch schon früher durch klassische Züchtungsmethoden hergestellte Pflanzensorten patentrechlich geschützt. Deshalb wird eine Patentierung gentechnisch hergestellter Lebewesen in der Regel durchgeführt. Sehr schwierig ist die Frage zu klären, ob einzelne Gene oder DNA-Fragmente (insbesondere wenn sie vom Menschen stammen) patentiert werden können. Das Europäische Patentamt vertritt die Auffassung, daß ein Gen durchaus als Teil einer Erfindung angesehen werden kann. Allerdings gilt das nur, wenn die Basensequenz des Gens nicht schon vorher veröffentlicht wurde.

Bei einzelnen DNA-Fragmenten, deren genetischer Informationsgehalt noch nicht vollständig aufgeklärt ist, wurde allerdings die Patentierung abgelehnt.

3. Gentechnik in der Tier- und Pflanzenzucht

In der herkömmlichen Tier- und Pflanzenzucht konnten Verbesserungen des Erbgutes fast ausschließlich durch langwierige Kreuzungsexperimente mit anschließender Selektion von Individuen mit gewünschten Eigenschaften erzielt werden. Diese Kreuzungen waren wegen der natürlichen Fortpflanzungsbarrieren zwischen den einzelnen Tier- bzw. Pflanzenarten weitgehend auf einzelne Species beschränkt. Man konnte daher nur die innerartliche Variabilität des Erbgutes für Züchtungszwecke ausnutzen. Seit bekannt ist, daß die grundlegenden genetischen Mechanismen in der gesamten belebten Natur sehr ähnlich sind, besteht die Möglichkeit, diese Grenzen zu überschreiten. Allerdings mußten erst die entsprechenden gentechnischen Methoden für die Vervielfältigung und Übertragung von Genen geschaffen werden. Da auf diesem Gebiet in den letzten 20 Jahren enorme Fortschritte gemacht wurden, ist es heute möglich, in tierische und pflanzliche Keimzellen gezielt Gene verschiedenster Herkunft einzubauen. Aus diesen genetisch manipulierten Keimzellen können nach der Befruchtung neue Individuen mit eventuell sogar artfremden Eigenschaften heranwachsen. Man spricht in solchen Fällen von *transgenen* Tieren bzw. Pflanzen.

In der Tierzucht können Zellen eines transgenen Keimlings in einem sehr frühen Entwicklungsstadium voneinander getrennt und einzeln in ein Muttertier eingepflanzt werden. Unter günstigen Umständen entstehen dann mehrere genetisch gleich ausgestattete Tiere, die alle auch das neue transgene Merkmal aufweisen. Man nennt dieses Verfahren *klonen*. Seit kurzem ist es sogar möglich, genetisches Material aus Körperzellen erwachsener Tiere in Eizellen zu übertragen. Auf diese Weise ist das berühmte Schaf „Dolly" entstanden, das ein Ebenbild der eigenen Mutter darstellt.

Allerdings gelingen solche Genübertragungs-Experimente nur sehr selten. Die fremden Gene werden nämlich mehr oder minder zufällig ins Erbgut der Wirtszelle eingebaut, so daß sie häufig an Stellen landen, wo sie nicht funktionsfähig werden können. Aber sogar wenn die Gene funktionieren, ist der Erfolg noch nicht sicher, denn oft werden die Genprodukte nicht in der richtigen Menge hergestellt, wodurch sich die gewünschte Eigenschaft zu stark oder zu schwach ausprägt. Nicht selten entstehen auch völlig andere Eigenschaften, als man erwarten würde. Wegen dieser Probleme sind bisher erst wenige transgene Tiere mit nützlichen Eigenschaften entstanden. Beispielsweise ist es bei Kühen gelungen, durch Übertragung von Wachstumsgenen die Milchproduktion erheblich zu steigern. In der Presse wurde dafür die Bezeichnung *Turbokuh* geprägt. Großes Aufsehen hat auch die sogenannte *Krebsmaus* erregt, die an der Harvard University durch Übertragung eines Krebsgens entstanden ist. Da fast alle Mäuse dieses Zuchtstammes sehr früh Krebs entwickeln, eignen sie sich gut für die Testung von Antikrebs-Medikamenten.

In den letzten Jahren werden zunehmend sogenannte *Knockout-Mäuse* hergestellt. Darunter versteht man, daß in Keimzellen von Mäusen gezielt einzelne Gene zerstört werden. An Mäusen, die aus diesen gentechnisch veränderten Keimzellen entstehen, kann man dann Fehlbildungen oder Funktionsstörungen feststellen, die Rückschlüsse auf die Wirkungen des ausgeschalteten Genes erlauben. Auf diese Weise können auch Tiermodelle für menschliche Erbkrankheiten etabliert werden.

In der *Pflanzenzucht* ist der Einsatz der Gentechnik deutlich weiter fortgeschritten als in der Tierzucht. Das hängt damit zusammen, daß es bei vielen Pflanzen möglich ist, eine Vermehrung ohne Keimzellen durchzuführen, indem man aus kultivierten Pflanzenteilen neue identische Pflanzen heranzieht. Mit diesem Verfahren kann man gentechnisch manipulierte Pflanzen relativ leicht herstellen und vermehren. Es sind bereits zahlreiche gentechnisch veränderte Pflanzen in der Landwirtschaft im Einsatz.

In Holland gibt es mehrere Blumensorten, bei denen die Farbe gentechnisch verändert wurde. Die erste so hergestellte Chrysanthemensorte trägt den vielsagenden Namen *Moneymaker*.

Seit einigen Jahren gibt es eine Tomatensorte, bei der ein Gen eingefügt wurde, das verhindert, daß die Tomate schnell weich wird und fault. Die mit dem geschützten Handelsnamen *Flavr-Savr* gekennzeichnete Tomate kann reif gepflückt werden, weil sie in diesem Zustand noch längere Transporte schadlos übersteht. Sie schmeckt daher viel aromatischer als die meisten anderen Tomaten, die grün geerntet werden und während des Transportes nachreifen. In der Europäischen Union ist sie allerdings noch nicht zugelassen. Lediglich in Großbritannien wird bereits Tomatenmark aus Flavr-Savr-Tomaten hergestellt und verkauft.

Besonders heftig wird derzeit über die Sojabohnensorte *Roundup Ready* diskutiert, die gentechnisch gegen das Herbizid Glyphosphat, ein hochwirksames Unkrautvernichtungsmittel, resistent gemacht wurde. In den USA wurde diese Sojabohnen-Sorte nach umfangreichen Sicherheitsstudien zugelassen. In Europa und insbesondere in Deutschland bestehen noch erhebliche Bedenken. Man befürchtet z.B., daß durch das ins Genom der Sojabohne eingefügte zusätzliche Gen ein neues Protein gebildet wird, das allergische Reaktionen auslösen könnte. Da ungefähr 20000 Lebensmittel Zusätze aus Sojabohnen enthalten, könnte das für Allergiker gefährlich werden. Allerdings konnten bisher keine Hinweise auf eine erhöhte allergene Wirkung der transgenen Sojabohnen gefunden werden. Deshalb haben die EU-Behörden gegen die Einfuhr solcher Lebensmittel keine Einwände erhoben. Zur Zeit ist jedoch noch nicht endgültig geklärt, ob einzelne Staaten Sonderregelungen treffen und inwieweit eine Kennzeichnungspflicht besteht. Auch die Frage der Nachweismethoden für gentechnische Veränderungen an Lebensmitteln ist noch nicht klar geregelt.

4. Gentechnisch hergestellte Medikamente

Das erste gentechnisch hergestellte Medikament war das *Humaninsulin*, das bereits 1982 in den USA auf den Markt kam. Die Herstellung erfolgt in Bakterien, denen das Insulingen des

Menschen eingepflanzt wurde. Das Humaninsulin hat inzwischen das bisher für die Behandlung der Zuckerkrankheit verwendete Schweine- oder Rinderinsulin weitgehend verdrängt. Es hat den großen Vorteil, daß die Patienten darauf nicht allergisch reagieren, weil es sich dabei um kein artfremdes Eiweiß mehr handelt. Außerdem sollten die Behandlungskosten sich erheblich senken lassen, da die Gewinnung von Insulin aus Schweine- bzw. Rinderbauchspeicheldrüsen sehr aufwendig ist.

Ein weiteres Hormon, das auch schon seit ca. 10 Jahren gentechnisch produziert wird, ist das humane *Wachstumshormon (Somatotropin)*. Dieses Hormon mußte früher aus den Hypophysen (Hirnanhangsdrüsen) verstorbener Menschen gewonnen werden. Das Verfahren war nicht nur teuer, sondern auch gefährlich, weil mit diesen Extrakten infektiöse Gehirnerkrankungen übertragen werden konnten.

Ähnliches gilt für die *Blutgerinnungsfaktoren*, die für die Behandlung der Bluterkrankheit eingesetzt werden. Sie können seit 1992 gentechnisch hergestellt werden. Früher wurden sie aus menschlichem Blut gewonnen. Dabei kam es nicht selten zur Verunreinigung mit Krankheitserregern, insbesondere mit HIV–Viren. In den achtziger Jahren wurde ein hoher Prozentsatz der Hämophilie-Patienten damit infiziert, und viele der Betroffenen sind inzwischen an AIDS gestorben.

Ein sehr wirksames Mittel gegen den Herzinfarkt, der *Gewebsplasminogenaktivator* (engl. Abkürzung TPA), kann nur auf gentechnischem Wege hergestellt werden. Es handelt sich dabei um einen körpereigenen Stoff, der die Fähigkeit besitzt, Blutgerinnsel schnell aufzulösen und damit ein verstopftes Herzkranzgefäß wieder durchgängig zu machen.

Auch aus der Gruppe der körpereigenen *Wachstumsfaktoren* können inzwischen einige mit Hilfe der Gentechnologie hergestellt werden. Man erhofft sich davon Hilfe bei einer Reihe von Krankheiten wie z. B. Leukämie oder Störungen des Immunsystems.

Bei der *Impfstoffherstellung* spielt die Gentechnologie ebenfalls eine immer größere Rolle. Beispielsweise konnte ein

Impfstoff gegen den Hepatitis-B-Virus erst hergestellt werden, nachdem bestimmte Viruspartikel gentechnisch produziert worden waren.

Die *Medikamentenentwicklung* mit Hilfe gentechnischer Methoden steht zweifellos erst am Anfang. Zur Zeit werden über 100 auf diese Weise hergestellte Substanzen an Patienten getestet. Bereits 1995 wurden allein in der Europäischen Union 18 Milliarden Dollar Umsatz mit etwa 30 gentechnisch hergestellten Medikamenten erzielt.

5. Genotyp-Diagnostik

Die Methoden der Gentechnik haben auch für die molekular-genetische Analyse von Erbleiden große Fortschritte gebracht. Bei dieser Anwendung wird meist die DNA durch Restriktions-enzyme fragmentiert. Wenn eine Mutation aufgetreten ist, so schneiden die Enzyme an einer etwas verschobenen Stelle, so daß die gewonnenen Fragmente sich in ihrer Länge unter-scheiden. Durch Anlegen eines elektrischen Feldes wandern die DNA-Fragmente in einem Gel als Banden je nach Größe unterschiedlich weit. Dieses Bandenmuster wird nach einer DNA-Denaturierung auf eine Trägermembran übertragen. Die abnormen DNA-Fragmente kann man dadurch nachweisen, daß man komplementäre, markierte DNA-Stücke (*DNA-Son-den*) zugibt. Die zueinander passenden einsträngigen DNA-Stücke verbinden sich und können als eine eigene Bande sichtbar gemacht werden. Man nennt das Verfahren *Southern-Blot-Hybridisierung* (siehe auch Abb. 25). Mit diesem oder ähnlichen Verfahren ist heute bei über 100 Erbkrankheiten die genotypische Diagnostik möglich, wobei in den meisten Fällen auch eine vorgeburtliche Untersuchung (*pränatale Diagnostik*) durchführbar ist.

Man unterscheidet zwischen der direkten und der indirek-ten Genotyp-Diagnose. Bei der *direkten Method*e weist man eine Mutation innerhalb des fraglichen Gens nach. Dafür muß das Gen allerdings genau lokalisiert und sequenziert sein, und es muß spezifische DNA-Sonden geben, die an die entspre-

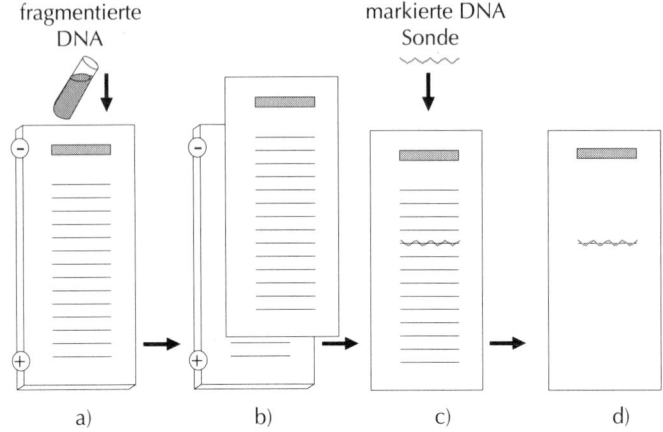

a)   b)   c)   d)

Abb. 25: Darstellung eines spezifischen Restriktionsfragments durch eine Southern-Blot-Hybridisierung (nach Murken 1996): a) Durch Restriktionsendonukleasen spezifisch fragmentierte DNA wird auf ein Agarosegel übertragen und elektrophoretisch aufgetrennt. – b) Nach DNA-Denaturierung erfolgt die Übertragung der einsträngigen DNA-Fragmente vom Gel auf eine Trägermembran durch Kapillarkräfte (Southern-Blot). – c) Markierte einsträngige DNA-Sonde wird zugefügt und mit komplementären DNA-Fragmenten hybridisiert. – d) Hybridisierungssignal wird je nach Markierung autoradiographisch oder fluoreszenzmikroskopisch als Bande sichtbar gemacht.

chende DNA-Sequenz des Gens binden. Die *indirekte Methode* wird angewendet, wenn solche genspezifischen Sonden noch nicht vorhanden sind. Ersatzweise werden dann DNA-Sonden eingesetzt, die Fragmentlängenverschiebungen der DNA möglichst in der Nähe des zu untersuchenden Gens nachweisen. Diese Veränderungen sind keine echten Mutationen, weil sie keine phänotypischen Auswirkungen haben. Sie werden als *Restriktions-Fragment-Längen-Polymorphismen (RFLP)* bezeichnet. Inzwischen sind mehrere 100 RFLPs im menschlichen Genom lokalisiert, so daß man sie in der Nähe fast aller Gene finden kann. Bei der indirekten Genotypanalyse mit Hilfe von RFLPs wird untersucht, ob in der fraglichen Familie ein Gendefekt mit einem oder mehreren RFLPs gemeinsam

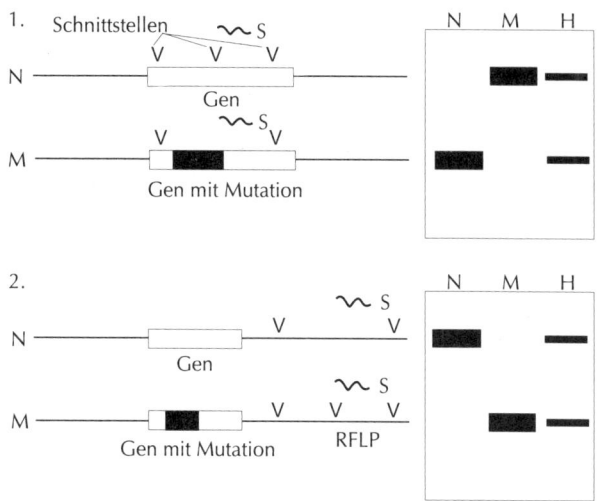

Abb. 26: Schema einer Genotyp-Diagnostik durch Nachweis veränderter DNA-Fragmentlängen (nach Tariverdian 1995): 1. *Direktes Nachweisverfahren.* Das Normalgen (N) hat drei DNA-Schnittstellen (v). Im mutierten Gen (M) ist eine DNA-Schnittstelle zerstört. Deshalb entstehen im Normalgen zwei kleinere Fragmente, und im mutierten Gen entsteht ein großes Fragment. Das große Fragment wandert im Elektrophorese-Gel nicht so weit wie die beiden kleinen. Mit Hilfe einer genspezifischen DNA-Sonde (S) lassen sich unterschiedlich weit gewanderte Fragmente durch Southern-Blot-Hybridisierung als jeweils eine Bande sichtbar machen. Im heterozygoten Zustand (H) werden beide Banden schwach sichtbar. – 2. *Indirektes Nachweisverfahren.* Anstelle einer genspezifischen Sonde wird eine Sonde eingesetzt, die eine nahe am Gen liegende DNA-Region mit veränderten Schnittstellen (RFLP) nachweist. Der RFLP am Normalgen (N) weist nur zwei Schnittstellen auf, so daß ein großes DNA-Fragment entsteht, das im Gel nur eine kurze Strecke wandert. Der RFLP am mutierten Gen (M) enthält eine zusätzliche Schnittstelle. Dadurch entstehen zwei kleine DNA-Fragmente, die im Gel eine größere Strecke wandern. Bei Heterozygoten (H) sind wieder beide Banden schwach sichtbar.

vererbt wird. Wenn das der Fall ist, so genügt im Einzelfall bereits der Nachweis des RFLP, um mit mehr oder minder großer Sicherheit sagen zu können, ob jemand Träger des fraglichen Gendefekts ist oder nicht (siehe auch Abb. 26).

6. Gentherapie

Grundlagen

Nachdem es in den letzten Jahren gelungen ist, viele menschliche Gene zu isolieren und zu klonieren (d. h. in geeignete Wirtszellen zu übertragen und zu vermehren), sind die Grundlagen für gentherapeutische Versuche vorhanden. Dabei wird meistens versucht, in den Zellen das Defektgen durch Einschleusung von normalen Genen zu ersetzen. Es ist aber auch möglich, körperfremde therapeutische Gene (z. B. Resistenzgene) zuzuführen oder bereits vorhandene körpereigene Gene zusätzlich einzuschleusen, um beispielsweise die Immunabwehr zu stimulieren. Denkbar ist auch die Blockade krankhaft aktiver Gene durch Transkriptions- oder Translationshemmung.

Grundsätzlich muß dabei zwischen der somatischen Gentherapie und der Keimzelltherapie unterschieden werden. Bei der *somatischen Therapie* werden Gene oder DNA-Fragmente nur in Körperzellen eingeschleust. Damit bleiben die Effekte auf das behandelte Individuum beschränkt. Bei der *Keimzelltherapie* werden dagegen Gene in die Keimzellen eingebracht, so daß die Behandlung erst bei den entstehenden Kindern zur Wirkung kommt. Die Anwendung der Keimzelltherapie beim Menschen ist mit großen ethischen Problemen behaftet und wurde deshalb in Deutschland und vielen anderen Ländern verboten. Die Methode wird jedoch bei Tieren durchaus eingesetzt, um neue, genetisch fixierte Eigenschaften zu erzeugen. Durch Einschleusung krankhafter menschlicher Gene in Versuchstiere ist es beispielsweise auch möglich, die somatische Gentherapie im Tiermodell weiterzuentwickeln.

Praktische Anwendungen der somatischen Gentherapie

Bis 1997 wurden weltweit etwa 300 klinische Therapieversuche mit insgesamt ca. 1500 Patienten durchgeführt bzw. genehmigt. Über 90 % dieser Studien laufen in den USA.

Die Fortschritte in der somatischen Gentherapie sind bisher noch nicht so groß, wie man zunächst erwartet hatte. Die

Hauptprobleme liegen in der risikolosen und zielgenauen Einschleusung der Gene in die Zellen. Die Sicherheit und Selektivität des Transfers kann durch den Einbau von Gen-Promotoren verbessert werden, die für die Transkription der DNA in RNA notwendig sind. Sie sind z. T. zellspezifisch und können durch extern zugeführte Substanzen gezielt aktiviert werden. Man benutzt für den Gentransfer vor allem Viren, die nach dem Eindringen in die Zellen absterben. Bei der Genübertragung darf in das Zellgenom auch keine virale DNA miteingebaut werden, da dies z. B. zur Krebsentstehung führen könnte. Der Gen-Einbau muß außerdem so erfolgen, daß die Transkription und Translation sichergestellt ist, damit das entsprechende Enzym gebildet werden kann. Nicht zuletzt ist es notwendig, daß die Regulation der Enzymbildung funktioniert, weil auch falsche Enzymmengen schwere Störungen verursachen können. Bei folgenden Erkrankungen wurden bisher mehr oder minder erfolgreiche gentherapeutische Versuche durchgeführt:

ADA-Mangel-Syndrom

Bei dieser sehr seltenen monogenen Erbkrankheit ist bisher die Behandlung am erfolgreichsten verlaufen. Der Defekt betrifft das Gen, das für die Bildung des Enzyms *Adenosindesaminase* (ADA) verantwortlich ist. Das hat zur Folge, daß wichtige Immunabwehrzellen, die sogenannten T-Lymphozyten, zerstört werden. Durch den Zusammenbruch des Immunsystems führt bei diesen Patienten jeder ansonsten harmlose Infekt schnell zu lebensgefährlichen Erkrankungen. Deshalb mußten betroffene Kinder bisher isoliert in keimfreien Räumen leben und hatten trotzdem eine geringe Lebenserwartung. Die Behandlung mit ADA-Enzymen aus Rinderserum ist extrem teuer und meist nur kurzfristig wirksam. Knochenmarktransplantationen können helfen, sind aber nur möglich, wenn ein passender Spender vorhanden ist.

Der erste Gentherapie-Versuch bei einem vierjährigen Mädchen mit ADA-Mangel begann bereits 1990 in den USA. Dafür wurden ihm Blut und Knochenmarkszellen entnommen und im Labor kultiviert. In diese Zellen wurde mit Hilfe eines Virus das gesunde ADA-Gen eingeschleust. Die so behandelten Zellen injizierte man zurück in die Blutbahn der kleinen Patientin. Nach mehrfacher Behandlung besserte sich ihr Zustand soweit, daß sie aus dem keimfreien Isolierraum entlassen werden konnte und heute ein fast normales Leben führt. Die Übertragung gentherapierter Zellen muß allerdings regelmäßig wiederholt werden, weil die Zellen im Organismus bisher nicht lange überleben. Außerdem wird die Behandlung mit Rinder-ADA sicherheitshalber fortgeführt, so daß der Behandlungserfolg noch nicht ausschließlich der Gentherapie zugeschrieben werden kann. Inzwischen werden weltweit mindestens 11 ADA-Patienten gentherapeutisch behandelt, und die Ergebnisse sind so gut, daß man wirklich von der ersten klinisch anwendbaren Gentherapie sprechen kann. In einigen Fällen konnte nachgewiesen werden, daß sich behandelte Knochenmarkszellen im Knochenmark angesiedelt haben und als Stammzellen jahrelang gesunde Lymphozyten produzieren. Dadurch wird möglicherweise die häufige Wiederholung der Gentherapie eines Tages überflüssig werden.

Das beim ADA-Mangel erprobte Therapiesystem eignet sich grundsätzlich auch für die Therapie anderer Erbleiden, die auf Funktionsstörungen von Blutzellen beruhen (z. B. *Thalassämie*, *Hämophilie*).

Mukoviscidose

Bei dieser recht häufigen autosomal-rezessiven Erbkrankheit wurde die Gentherapie zwar schon bei etwa 70 Patienten versucht, bisher allerdings ohne überzeugenden Erfolg. Wie auf S. 75 f. näher erläutert, ist das gefährlichste Hauptsymptom der Mukoviscidose die Ansammlung von zähflüssigem Schleim in der Lunge. Deshalb wird vor allem versucht, das Normalgen in Bronchialzellen durch Inhalation einzuschleusen. Als *Genfähren* werden meist veränderte Adenoviren benutzt, weil sie eine besondere Affinität zu Lungengewebe haben. Der erste Patient, der 1993 auf diese Weise behandelt wurde, bekam allerdings eine Lungenentzündung, so daß der

Versuch abgebrochen werden mußte. Inzwischen ist der Gentransfer mehrfach gelungen, aber die Nebenwirkungen waren heftig, und die Krankheitserscheinungen konnten nicht wesentlich gebessert werden. Zur Zeit experimentiert man für den Gentransport mit *Liposomen*. Dabei handelt es sich um sehr kleine kugelförmige Gebilde mit einer fetthaltigen Doppelmembran. Die Gentransfer-Rate ist bisher aber noch zu gering.

Familiäre Hypercholesterinämie
Diese autosomal-dominant vererbte Stoffwechselstörung verursacht einen erhöhten Blutfettspiegel, wodurch ein hohes Risiko für Herzinfarkte besteht (Einzelheiten siehe S. 72). 1992 wurde nach erfolgreichen Tierversuchen in den USA erstmalig eine Gentherapie bei einer 28jährigen Frau durchgeführt, die bereits einen Herzinfarkt erlitten hatte.

Für die Behandlung wurde ihr ein Stück Leber entnommen und daraus eine Zellkultur angelegt. In die Zellen konnte durch Retroviren das *Low-Density-Lipoprotein-Rezeptor-Gen (LDLR-Gen)* transferiert werden. Die so behandelten Zellen wurden über einen Katheter direkt in das Pfortadersystem der Leber eingebracht. Der Blutfettspiegel der Patientin besserte sich nach dem Gentransfer deutlich, und der Effekt hielt relativ lange an. Eine vollständige Heilung wurde allerdings bisher nicht erreicht. Inzwischen werden einige weitere Patienten gentherapeutisch behandelt, wobei die Fortschritte durchaus vielversprechend sind.

Periphere arterielle Gefäßverschlußkrankheit
Bei dieser vor allem bei Rauchern recht häufig auftretenden Erkrankung kommt es vorrangig zu Arterienverschlüssen in den Beinen (Raucherbeine). Durch lokale Verabreichung des Gens für den *vasculären endothelialen Wachstumsfaktor* (engl. Abkürzung *VEGF*) konnte bei bisher 13 Patienten eine verbesserte Durchblutung erzielt werden. Die Wirkung beruht wahrscheinlich auf einer Stimulierung der Gefäßneubildung. Zur Zeit wird untersucht, ob die Gentherapie auch nach einer Gefäßaufdehnung durch einen Ballonkatheter eingesetzt wer-

den kann, um den erneuten Verschluß des Gefäßes zu verhindern.

Krebs

Die meisten der weltweit laufenden Gentherapie-Studien werden an Krebspatienten durchgeführt. Es gibt für die Krebstherapie mehrere erfolgversprechende Ansätze:

– Man kann in tumorinfiltrierende Lymphozyten Gene einbauen, die tumorzerstörende Proteine herstellen. Das Verfahren wurde bereits bei Patienten mit metastasierenden Melanomen eingesetzt. Der Erfolg war allerdings begrenzt.

– Man kann dem Patienten Tumorzellen entnehmen und sie genetisch so verändern, daß sie nach der Rückübertragung das Immunsystem aktivieren, wodurch der Tumor zerstört wird. Dieses Therapiesystem, das einer Impfung ähnelt, wurde in Tierversuchen erfolgreich erprobt und vereinzelt auch schon bei Patienten eingesetzt.

– Es ist auch möglich, direkt in den Tumor des Patienten Viren oder Liposomen zu injizieren, die bestimmte Gene in die Tumorzellen transferieren. Die von diesen Genen produzierten Proteine machen die Tumorzellen entweder für die Immunabwehr angreifbar, oder es entsteht eine größere Empfindlichkeit gegenüber nachfolgend applizierten Medikamenten. Die Methode wurde bereits bei einigen Patienten mit malignen Hirntumoren eingesetzt. Eine Verkleinerung der Tumoren, die bis zu 18 Monaten anhielt, konnte nachgewiesen werden.

Gentherapie bei Infektionskrankheiten

Die meisten der derzeit laufenden Therapieversuche werden zur Bekämpfung der HIV–Infektion bzw. der AIDS-Erkrankung durchgeführt.

Die eingesetzten Methoden ähneln denen, die bei der Krebstherapie verwendet werden. Ein großes Problem liegt allerdings in der hohen Mutationsrate des HIV-Genoms. Langanhaltende Erfolge konnten deshalb bisher noch nicht erzielt werden.

XIV. Die Zukunft der Genetik

Die Erkenntnisse auf dem Gebiet der Genetik haben in den letzten 30 Jahren geradezu explosionsartig zugenommen. Diese Anhäufung von Wissen wird sich noch für einige Zeit in ähnlichem Tempo fortsetzen. Etwa für das Jahr 2000 ist damit zu rechnen, daß im Rahmen des weltweiten *Human Genome Project* das gesamte menschliche Erbgut entschlüsselt sein wird. Damit dürften nicht nur die Basensequenz und die genaue Lokalisation unserer etwa 80 000 Gene bekannt sein, sondern es sind auch wichtige Erkenntnisse über die nicht zu Genen gehörenden DNA-Sequenzen zu erwarten. Sie umfassen mehr als 95% des Genoms und haben vermutlich wichtige Aufgaben, über die wir bisher aber erst sehr wenig wissen.

1. Entwicklung der genetischen Diagnostik

Die großen Fortschritte in der Entwicklung gentechnischer Methoden werden dazu führen, daß sie in vielen Bereichen unseres täglichen Lebens zur routinemäßigen Anwendung kommen. Am deutlichsten ist diese Entwicklung zur Zeit im Bereich der Diagnostik von Krankheiten zu erkennen. Bereits jetzt sind über 100 Erbkrankheiten molekulargenetisch diagnostizierbar, wobei viele auch schon vor der Geburt festgestellt werden können.

Inzwischen ist es sogar möglich, Erbkrankheiten im frühembryonalen Zustand zu diagnostizieren. Mit Hilfe eines Mikromanipulators kann man aus Keimlingen im 8–12-Zellstadium eine Zelle entnehmen und sie auf genetische Defekte untersuchen. Das Verfahren wird *Prä-Implantations-Diagnostik (PID)* genannt, weil sich in diesem frühen Stadium der Keimling noch nicht in der Schleimhaut der Gebärmutter festgesetzt (implantiert) hat. Die Zellentnahme stört die Embryonalentwicklung nicht, weil zu dieser Zeit noch alle Zellen die gleichen Entwicklungsmöglichkeiten haben und sich gegenseitig ersetzen können. In Deutschland ist das Verfahren zur Zeit noch nicht anwendbar, weil das *Embryonenschutzgesetz* solche Manipulationen verbietet. Es ist aber anzunehmen, daß dieses Verbot bald fallen wird, denn es ist nicht einzusehen, warum eine pränatale Diagnostik in einem späteren Embryonalstadium zulässig ist, während sie im frühen Entwicklungszustand mit einem Verbot belegt wird.

Zunehmend wird der Nachweis defekter Gene auch bei solchen Personen möglich, die selbst an keiner Erbkrankheit leiden, aber das Gen an ihre Nachkommen weitergeben können. Es wurden auch zahlreiche Gene entdeckt, die nicht alleine eine Erkrankung verursachen, sondern nur im Zusammenspiel mit anderen Faktoren gefährlich werden können. Das gilt insbesondere für sogenannte *Krebsgene*, von denen inzwischen eine Vielzahl nachweisbar geworden ist.

Die Frage wird immer dringlicher, wie wir zukünftig mit diesen Möglichkeiten umgehen wollen. Abgesehen davon, daß es schnell unbezahlbar wird, wenn jedes genetische Risiko diagnostiziert werden soll, ergeben sich auch zahlreiche ethische und soziale Fragen: Wie soll man beispielsweise bei der genetischen Diagnostik von Krankheiten verfahren, die erst relativ spät im Leben zu schwerwiegenden Störungen führen? Die *Chorea Huntington* ist eine solche Erkrankung, bei der bereits der genetische Nachweis möglich ist (siehe auch S. 73). Die Genträger werden mit hoher Wahrscheinlichkeit im Alter von etwa 40–50 Jahren an Gehirnschwund erkranken. Für die *Alzheimersche Krankheit* wird die Genotypanalyse vermutlich bald möglich werden. Soll man deshalb schon im frühen Lebensalter, eventuell sogar schon vor der Geburt, danach fahnden, ob jemand Träger solcher Gene ist? Und welche Konsequenzen sollten aus einer solchen Diagnose gezogen werden? Reicht dieser Befund aus, um eine Schwangerschaft abzubrechen? Wie lebt ein Mensch über Jahrzehnte mit dem Wissen, irgendwann an Gehirnschwund zu erkranken? Müssen solche Befunde auch Versicherungen mitgeteilt werden, weil sie für die Risikoberechnung zweifellos eine wichtige Rolle spielen? Kann oder sollte wegen der volkswirtschaftlichen Bedeutung einer Erkrankung (die Alzheimersche Krankheit betrifft z. B.

ca. 10% aller über 70jährigen) eventuell sogar eine Untersuchungspflicht eingeführt werden?

Noch schwerwiegendere Probleme entstehen, wenn es gelingt, die genetischen Faktoren zu entschlüsseln, die unsere Intelligenz und unser Verhalten beeinflussen. Erste Ergebnisse in dieser Hinsicht liegen bereits vor und sollten Anlaß sein, intensiv nach einem gesellschaftlichen Konsens über die Regeln zur weiteren Anwendung dieser Diagnostik zu suchen.

2. Entwicklung der Gentherapie

Verglichen mit dem Entwicklungsstand der Genotyp-Diagnostik nehmen sich die Fortschritte im Bereich der Gentherapie noch sehr bescheiden aus. Aber diesem Forschungsgebiet steht in der nächsten Zeit vermutlich eine besonders rasante Entwicklung bevor.

Die Strategien der Gentherapie sind schon weit gediehen, es fehlt eher noch an technisch-methodischen Details wie z.B. einer effektiven Genvermehrung und einer zielgenauen Genübertragung. Diese Schwierigkeiten werden aber wohl in einigen Jahren mehr oder minder vollständig überwunden sein. Es erscheint auch dringend notwendig, daß die große Kluft zwischen den enormen diagnostischen Möglichkeiten und den bisher noch geringen therapeutischen Fortschritten verkleinert wird. Denn zur Zeit besteht die Konsequenz aus der Diagnose eines schwerwiegenden Gendefekts häufig nur in der Empfehlung, auf Kinder besser zu verzichten oder im Falle einer vorgeburtlichen Diagnostik den Abbruch der Schwangerschaft zu erwägen.

Ein Bereich der Gentherapie sollte allerdings dauerhaft ausgegrenzt werden: Die *Keimbahntherapie*. Zweifellos erscheinen die Möglichkeiten des gentherapeutischen Eingriffs in die Keimzellen sehr verlockend: Man könnte so das Übel bei der Wurzel packen und Gendefekte dauerhaft beseitigen, während man bei der somatischen Therapie mühsam jedes einzelne Individuum behandeln muß. Aber welche Gefahren würden wir uns dafür einhandeln! Es wäre fast unvermeidlich, daß nicht nur Gendefekte behandelt würden, sondern daß auch eine Selektion von mehr oder minder vorteilhaften Genen stattfinden könnte. Wer aber sollte letztlich darüber entscheiden, welche Gene in welchem Menschen wünschenswert sind?

Die Auswirkungen solcher Selektionsmöglichkeiten können wir in einem anderen Bereich zur Zeit beispielsweise in China beobachten: Dort hat die Möglichkeit der vorgeburtlichen Geschlechtsdiagnostik dazu geführt, daß vorrangig männliche Schwangerschaften ausgetragen werden, während weibliche Feten häufig einer Abtreibung zum Opfer fallen. Dadurch beginnt sich bereits das Geschlechterverhältnis in der Bevölkerung zugunsten der Männer zu verschieben. Die sozialen Konsequenzen eines solchen Ungleichgewichts kann man derzeit nur erahnen. Es gehört aber nicht viel Phantasie dazu, um sich vorzustellen, daß gewaltige Probleme entstehen werden.

3. Entwicklung der Gentechnologie

Die Fortschritte in der großtechnischen Anwendung molekulargenetischer Methoden werden auch auf einige Bereiche der Wirtschaft erhebliche Auswirkungen haben: Die *pharmazeutische Industrie* setzte 1996 bereits viele Milliarden Dollar mit gentechnologisch erzeugten Medikamenten und Impfstoffen um, obwohl bisher nur etwa 30 solcher Präparate zugelassen sind (siehe auch S. 91 f.). Eine Vielzahl von Produkten ist zur Zeit in der klinischen Prüfung, und wenn auch nur ein Teil davon auf den Markt kommt, sind Umsatzsprünge um das Zehnfache durchaus wahrscheinlich.

Während die Anwendung der Gentechnik für die Herstellung von Medikamenten relativ wenig umstritten ist, gibt es sehr kontroverse Meinungen zum Einsatz dieser Techniken in der *Landwirtschaft und Lebensmittelproduktion*. Im Vordergrund der Diskussionen steht die Frage nach der Anwendungssicherheit, insbesondere im Zusammenhang mit der Freisetzung gentechnisch veränderter Pflanzen. Man befürchtet schwere ökologische Schäden durch eine ungehemmte Ausbreitung der freigesetzten Arten. Zweifellos bestehen in dieser Hinsicht gewisse Risiken, insbesondere wenn Resistenzgene eingebaut werden. Man sollte daher die Versuche derzeit mehr auf eng umschriebene genetische Veränderungen einzelner Parameter wie z. B. den Nährwert pflanzlicher Speicherproteine beschränken. Dadurch kann man wesentliche Ertragsverbesserungen erzielen, ohne das ökologische Verhalten der Pflanzen stark zu verändern. In dieser Hinsicht bietet die Gentechnologie sogar erhebliche Vorteile gegenüber der klassischen Pflanzenzüchtung, bei der ja auch genetische Veränderungen der Pflanzen bewirkt werden, und zwar in deutlich größerem Umfang und viel schlechter kontrollierbar. Eine weitere Befürchtung besteht darin, daß durch Freisetzungsversuche genetisches Material in den Boden gelangt und dort unkontrolliert auf andere Organismen übertragen wird. Auch diese Gefahr läßt sich nicht wegdiskutieren, aber sie wird dadurch relativiert, daß ein solcher Genaustausch in der Natur ein alltäglicher Vorgang ist, beispielsweise zwischen verschiedenen Bakterienspezies in einer Kläranlage.

Es bleibt zu hoffen, daß zukünftig die Risiken und Chancen der Gentechnologie im Bereich der Landwirtschaft mit größerer Sachlichkeit und weniger emotionaler Voreingenommenheit gegeneinander abgewogen werden. Angesichts der enormen Versorgungsprobleme einer rapide wachsenden Weltbevölkerung werden wir es uns längerfristig wohl nicht leisten können, auf die Chancen der Gentechnologie vollständig zu verzichten. Eine sorgfältige Kontrolle und vorausschauende Abschätzung der Risiken jeder einzelnen Maßnahme bleiben jedoch eine unverzichtbare Voraussetzung.

Ein besonderer Streitpunkt wird für einige Zeit auch noch die Frage bleiben, in welchem Umfang eine *Kennzeichnungspflicht* für gentechnisch veränderte Lebensmittel notwendig ist. Ohne jede Frage müssen solche Lebensmittel gekennzeichnet werden, von denen für den Verbraucher (z. B. für Allergiker) Gefahren ausgehen können. Daß solche Risiken auftreten können, hat sich gezeigt, als man kürzlich ein Gen der Paranuß auf Sojabohnen übertrug, um deren Proteingehalt zu verbessern. Klinische Untersuchungen ergaben, daß Personen, die auf Paranüsse allergisch reagieren, auch auf die veränderten Sojabohnen ähnliche Reaktionen zeigen. Diese Erkenntnisse eröffnen allerdings auch die Möglichkeit, durch gentechnische Manipulation allergenfreie Paranüsse zu erzeugen. In Japan ist es bereits gelungen, allergenfreien Reis herzustellen. Die Grenzen der Kennzeichnungspflicht sind allerdings schwer zu definieren, denn beispielsweise kommen Mais und Soja in den USA in 90 % aller Lebensmittel vor. Eine gentechnische Veränderung an der Mais- oder Sojapflanze würde deshalb bei strenger Kennzeichnungspflicht bedeuten, daß die weit überwiegende Anzahl aller Lebensmittel entsprechend gekennzeichnet werden müßte, selbst wenn keinerlei Veränderungen des Produktes nachweisbar wären.

In der Europäischen Union ist folgende Kennzeichnungsregelung beschlossen worden: Sobald gentechnisch verursachte Veränderungen in einem Lebensmittel nachweisbar sind, besteht Deklarationspflicht. Es bleibt abzuwarten, wie sich dieses Verfahren bewährt, das als Kompromiß zwischen den extrem unterschiedlichen Vorstellungen der Mitgliedsländer vereinbart wurde. Man kann damit vermutlich nicht mit absoluter Sicherheit alle Risiken ausschließen, aber wir sollten uns auch darüber im klaren sein, daß wir täglich sehr viel schwerwiegendere Risiken eingehen, ohne uns davon in Angst und Schrecken versetzen zu lassen. Entwicklung ohne Risiko hat es bis jetzt noch nie gegeben und wird es auch in Zukunft nicht geben. Es kann aber auch durchaus riskant sein, auf Fortschritt zu verzichten.

Literatur

Berry, J., T. J. Crawford, G. M. Hewitt, W. Cookson: Genes in Ecology. Blackwell Sci. Publ., London 1992.

Buckel, P., E. P. Fischer, D. Nord: Das Handwerk der Gentechnik. Piper, München 1991.

Cookson, W.: Die Jagd nach den Genen. VCH, Weinheim 1996.

Cooper, D. N., M. Krawczak: Human Gene Mutation. Bios Sci. Publ., Oxford 1996.

Czihak, G., H. Langer, H. Ziegler: Biologie. Springer, Heidelberg 51992.

Day, J., S. Humphries: Genetics of Common Diseases. Bios Sci. Publ., Oxford 1997.

Hagemann, R. (Hrsg.): Allgemeine Genetik. Fischer, Stuttgart 1997.

Harper, P. S., J. C. Angus: Genetics, Society and Clinical Practice. Bios Sci Publ. Oxford 1997.

Hienz, H. A.: Chromosomen-Fibel. Thieme, Stuttgart 1971.

Ibelgaufts, H.: Gentechnologie von A bis Z. VCH, Weinheim 1993.

Imbusch, M.: Anspruch und Ziele der Gentechnologie. Verlag Markus Imbusch, Vechta 1997.

Knippers, R., P. Philippsen, K. P. Schäfer, E. Fanning: Molekulare Genetik. Thieme, Stuttgart 71997.

Koch-Brandt, C.: Gentransfer. Thieme, Stuttgart 1993.

Langman, J.: Medizinische Embryologie. Thieme, Stuttgart 1989.

Levine, J. S., D. Susuki: Das Lebensmolekül. Droemer Knaur, München 1996.

Lewin, B.: Gene. 2. Aufl., VCH, Weinheim 1991.

Linder, H. (Hrsg.): Biologie. Schrödel, Hannover 1989.

Müller, W. A.: Entwicklungsbiologie. UTB, Fischer, Stuttgart 1994.

Murken, J., H. Cleve (Hrsg.): Humangenetik. Enke, Stuttgart 1996.

Passarge, E.: Taschenatlas der Genetik. Thieme, Stuttgart 1994.

Singer, M., P. Berg: Gene und Genome. Spektrum, Heidelberg 1992.

Smith, J. M.: Evolutionsgenetik. Thieme, Stuttgart 1992.

Traut, W.: Chromosomen. Springer, Heidelberg 1991.

Sperlich, D.: Populationsgenetik. Fischer, Stuttgart 1988.

Strachan, T., A. Read: Molekulare Humangenetik. Spektrum, Heidelberg 1996.

Strachan, T., S. Lindsay, D. J. Wilson: Molecular Genetics of Early Human Development. Bios Sci. Publ., Oxford 1997.

Tariverdian, G., W. Buselmaier: Chromosomen, Gene, Mutationen. Springer, Berlin 1995.

Varmus, H., R. A. Weinberg: Gene und Krebs. Spektrum, Heidelberg 1992.

Winnacker, E. L.: Das Genom. Eichborn, Frankfurt a. M. 1996.

Winnacker, E. L.: Gene und Klone. VCH, Weinheim 1996.

Register